I0146837

L⁴ b
1988.

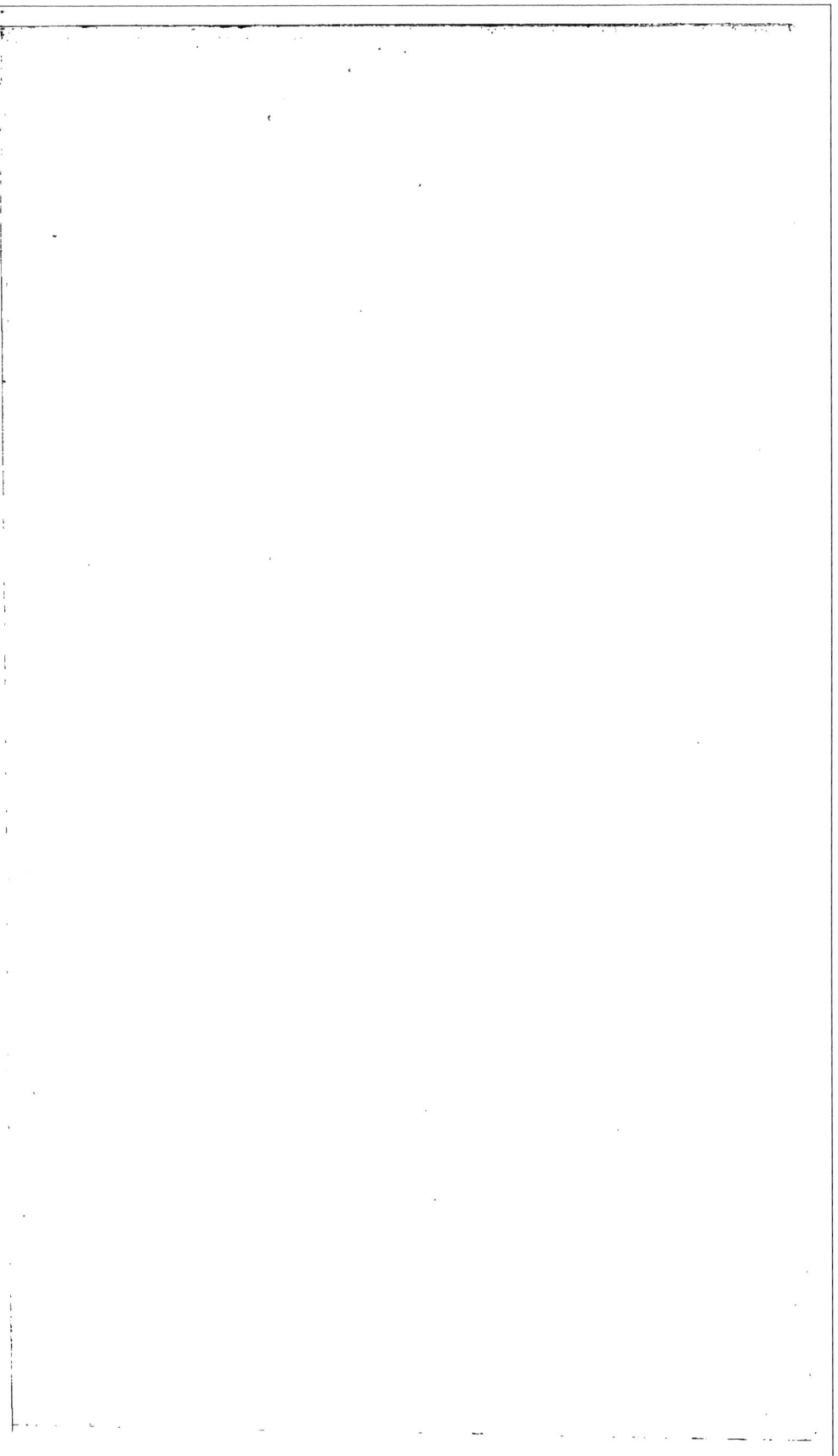

I h 4
1988

INVASION DE LA FRANCE EN 1707

ou

CHRONIQUE DE LA CAMPAGNE DE PROVENCE

Et du siége de Toulon.

(Extrait des Annales de la Société d'Agriculture, Industrie, Sciences, Arts et Belles-Lettres du département de la Loire.)

INVASION DE LA FRANCE

EN 1707

OU

CHRONIQUE DE LA CAMPAGNE DE PROVENCE

Et du siége de Toulon

D'APRÈS DES DOCUMENTS CONTEMPORAINS INÉDITS

PAR

Le Bon TEXTOR DE RAVISI

Officier de la Légion d'Honneur,
Ancien chef de bataillon d'Etat-Major d'Infanterie de la Marine,
Président honoraire et Membre de plusieurs Sociétés académiques françaises
et étrangères

Victor abit victus, luté vastavit olivas;
Intactas lauros linquere cura fuit.

SAINT-ÉTIENNE
IMPRIMERIE THÉOLIER FRÈRES
Rue Géremet, 12.

1876

Ordre des matières.

PRÉFACE

Conspiration occulte du silence et du dénigrement contre la campagne de 1707.

J'ai entrepris de raconter dans cette chronique l'un des plus glorieux hauts faits de notre gloire militaire et du patriotisme français, comme aussi l'un des moins connus de notre histoire nationale : l'INVASION DE LA FRANCE PAR LA PROVENCE, EN 1707, VICTOR-AMÉDÉE II, DUC DE SAVOIE, *étant généralissime des troupes des Alliés* (Allemands, Autrichiens, Anglais, Hollandais, Piémontais), *avec l'assistance de l'amiral Schowel, commandant leurs flottes.* Cette campagne présente d'utiles enseignements pour tous.

Les histoires de France les plus détaillées ne consacrent que quelques pages, et le plus grand nombre que quelques lignes, à la campagne de 1707. Leurs narrations témoignent que certains détails importants sont inconnus des auteurs et que d'autres leur ont été présentés sous un aspect restreint ou faux.

Pourquoi ?

C'est qu'il y a eu sur l'invasion de la France, en 1707, une double conspiration occulte du silence et du dénigrement de la part du vaincu et de la part du vainqueur.

Silence et dénigrement, le plus possible, du côté de la cour de Versailles (et des écrivains français contemporains), parce que dans cette campagne brilla, aux yeux des moins clairvoyants, l'incurie de sa direction. Le succès inespéré de nos armes condamnait d'autant plus son incapacité qu'elle avait fait davantage pour occasionner un nouveau désastre national.

Silence et dénigrement, le plus possible, du côté des Alliés (et des historiens étrangers contemporains), parce que l'insuccès avait été d'autant plus pénible aux cabinets européens qu'ils s'étaient promis les plus grands avantages de cette campagne, entreprise avec les plus formidables préparatifs et commandée par des généraux illustres et déjà accoutumés à la victoire.

Que de batailles et que d'événements auxquels les chroniqueurs et, à leur suite, les historiens, donnent un éclat factice par la nécessité de tresser des fleurons pour la couronne de gloire de leurs héros, ou bien qu'ils diminuent en importance pour les convenances et les intérêts de la renommée de ces personnages.

Il appartient aux conférences de la Sorbonne de rétablir équitablement les faits par l'étude et la recherche des documents contemporains : « *Testis temporum lux veri-* « *tatis.* »

Auteurs à consulter.

L'auteur du *Mercure galant* est on ne peut plus défectueux dans ses détails sur la campagne de 1707. Les mémoires du *Chevalier de Bernard* et ceux du consul *Ferrand* donnent des faits, mais ils sont incohérents, empreints de l'esprit de parti et pleins de réflexions. *Le Mercier,* dans son histoire du règne de Louis XIV, esquisse cette campagne en deux traits ; mais il n'est ni heureux ni vrai dans ses réflexions. M. *Lanidet de la Loude,* dans son histoire du siège de Toulon, pèche dans les descriptions des événements : c'est le brillant travail d'un homme de lettres et non d'un militaire ou d'un historien.

Les mémoires militaires relatifs à la succession d'Espagne sous Louis XIV, publiés en 1848 par le ministère de la guerre, *sont postérieurs à mon travail*, ainsi qu'on le verra plus loin ; ils sont, avant tout, un grand ouvrage de mouvements militaires et d'opérations stratégiques. L'invasion de la France et le siége de Toulon y sont traités par les généraux de Vault et Pelet comme des incidents de la *campagne d'Italie*, et ils ne leur donnent que l'importance réduite que la cour de Versailles et que les *Mémoires de M. de Tessé*, eux-mêmes, ont voulu leur attribuer.

Mon Mémoire a-t il la prétention de remédier au défaut de connaissances militaires des uns, à l'esprit de parti des autres et à la *brièveté des écrivains qui ont traité cette campagne ?*

Mon travail n'a que cette dernière prétention ; et, encore, n'est-ce que grâce à *la communication qui m'a été faite d'un vieux manuscrit d'un officier, qui avait pris au siége de Toulon une part active et importante,* d'un témoin.

Quel est le nom de cet officier? Il n'a pas signé son manuscrit, et je n'ai pu le découvrir dans les archives de l'Arsenal, ni dans celles de la Commune de Toulon. J'eusse été si heureux de faire revivre sa mémoire !

Comment un vieux manuscrit contemporain m'a été confié.

En 1843-1844 (j'étais alors sous-lieutenant) je fus adjoint à l'état-major général de la marine à Toulon, M. Matterer, capitaine de vaisseau, étant major et M. le contre-amiral Hamelin étant major-général. J'eus pour service de faire des rondes et de préparer un projet tendant à revoir, à refaire et à coordonner toutes les consignes relatives à la garde et la surveillance des arsenaux et des ports·

Ces fonctions spéciales avaient mis à ma disposition les archives de la Marine. Plusieurs fois, j'avais été amené à consulter celles de la Commune. En suivant les change-

ments successifs, subis par l'Arsenal de Toulon et son
agrandissement par les établissements du Mourillon, des
Artifices, etc., je me pris, peu à peu, du plus vif intérêt
pour tout ce qui avait trait au *vieux Toulon*. Enfin, ayant
eu la bonne fortune de copier, pour l'amiral Hamelin, les
plans et les projets ayant trait à l'agrandissement, projeté, de
la ville et de ses nouvelles fortifications (travaux qui lui
avaient été communiqués), je me trouvai initié au passé,
au présent et à l'avenir de Toulon, si je puis parler ainsi.

Or, un jour que j'accompagnais le commandant Matterer
dans une visite à la Grosse-Tour, je l'entretins du rôle glorieux que la petite batterie de 1707 avait joué en forçant
les galiotes Anglo-Bataves à cesser le bombardement de
Toulon et à fuir précipitamment. Les rades, les ports, les
arsenaux, les forts, la ville de Toulon étaient là devant
nous ; et, comme fond de tableau, les montagnes toulonnaises... magnifique et grandiose panorama !... Le vieux
commandant discuta les opérations de 1707, et voyant
l'intérêt que j'y prenais, tout à coup, me serrant la main,
il me dit : « Mon jeune ami, demain je vous confierai un
« vieux manuscrit qui traite du siége de 1707. Il a été
« écrit par un ancêtre de ma femme ; il était aide-de-
« camp du marquis de Chalmazel, commandant de la ville
« de Toulon et chargé des détails de la défense pendant
« le siége. Celui-là, ou personne, a dû être bien ren-
« seigné. »

C'est ainsi que j'ai eu communication des *notes iné-
dites* avec lesquelles j'ai pu compléter les relations publiées
et me former une opinion personnelle.

J'ai deux vifs regrets actuellement : c'est de n'avoir pas
assez apprécié, à cette époque, l'importance de ces *notes*,
et de ne pas les avoir copiées *in-extenso*, au lieu de
m'être seulement guidé sur elles !

Mon service à la Majorité générale ne me laissait que
très-peu de loisirs; je n'avais qu'élaboré le présent mémoire

quand je fus embarqué pour l'expédition du Maroc avec
le prince de Joinville (1844). Mis de la sorte de côté, ce
travail est resté dans mes cartons, bien que plusieurs fois
j'eusse projeté de l'achever. Enfin, aujourd'hui, après
32 ans, j'ai voulu le reprendre et l'achever, pensant remplir
un devoir patriotique en attirant l'attention de mes collègues
des sociétés savantes sur un glorieux épisode de notre
histoire nationale *trop peu connue dans ses détails.*

Appel à la municipalité toulonnaise.

Il appartient à la municipalité toulonnaise de faire rechercher le manuscrit que je signale. Les héritiers du commandant Matterer ne sauraient faire de difficultés pour laisser
copier et publier *le précieux témoignage de la valeur et du
patriotisme de leurs concitoyens de* 1707.

Aux historiens d'avoir la prétention de vouloir fixer
définitivement un point d'histoire. A nous, travailleurs des
Sociétés académiques de la Province, la prétention d'indiquer les sources *locales* inexplorées où ils pourront aller
puiser, non-seulement pour perpétuer le souvenir des faits
et gestes nationaux, mais encore, des autres peuples,
« *Per gesta Francorum.* »

Le présent mémoire simple précurseur d'un docu-
ment inédit de l'Histoire de France.

C'est donc à ce modeste et facile rôle d'indicateur d'une
source nouvelle *d'un document inédit de l'histoire de
France,* que j'ai borné mon ambition en écrivant le présent mémoire, heureux si j'attire l'attention sur l'invasion
de la France en 1707.

Je me suis abstenu, dans ce mémoire, d'allusions et de
rapprochements avec le siége de Toulon de 1793, comme
aussi avec les événements lamentables de la dernière guerre,
j'entends le *siége de Paris.* Ils se présentaient, pourtant, sans
cesse à mon esprit et ils eussent donné à mon récit un intérêt

tout particulier. Mais les travaux destinés à la Sorbonne
doivent être des travaux d'érudition et non d'histoire mili-
tante. J'ai donc essayé d'écrire, comme eût pu le faire un
chroniqueur de 1707 et non un publiciste de 1876.

Réunion des Délégués des Sociétés savantes des départements à la Sorbonne.

La plupart des journaux ont rendu compte des travaux
que les Délégués des Sociétés savantes des départements
ont présentés pour leur 14ᵉ réunion à la Sorbonne (avril
1876). Je ne dois citer, en ce qui me concerne, que le
Journal officiel du 21 avril ; mais que les nombreux journaux de Paris et de la province, qui ont bien voulu me
faire l'honneur de remarquer mon Mémoire, trouvent ici
l'expression sincère de ma gratitude, ainsi que S. E. M.
Waddington, ministre de l'Instruction publique, pour les
bienveillantes félicitations qu'il a bien voulu m'adresser à
sa réception du 22 avril.

Les Délégués des Sociétés savantes se souviendront des
grandes et belles paroles que M. Waddington a prononcées
à la séance générale du 22 avril, et l'intérêt personnel
qu'il a pris à leurs travaux encouragera la Province à
apporter à Paris le fruit de ses labeurs scientifiques, histo-
riques et archéologiques. Les solennités de la Sorbonne
répondent à un grand mouvement intellectuel qui s'accen-
tue en France chaque jour davantage par des réunions
et des congrès dans toutes les branches de la science, fruc-
tueux mouvement auquel toute la Presse, sans acception de
partis, prête son actif et bienveillant concours.

Réunir leurs délégués, c'est encourager les travaux des
Sociétés départementales, c'est propager le goût de leurs
études et leur donner une publicité indispensable. Leurs
réunions ne sont qu'une forme libre de l'enseignement supérieur appliquée aux goûts élevés du public; *elles
doivent être d'autant plus encouragées qu'elles coûtent moins
au budget de l'Etat.*

14ᵉ Réunion.

Deuxième séance. — Jeudi 20 *Avril* 1876.

I. — SECTION D'HISTOIRE ET DE PHILOLOGIE.

. . . .

« M. Waddington, ministre de l'Instruction publique, est entré dans la salle. » . . . .

« *M. le baron Textor de Ravisi,* membre de la Société d'Agriculture, Industrie, Sciences, Arts et Belles-lettres du département de la Loire, à Saint-Etienne. — *Invasion de la France en* 1707, *ou Chronique de la campagne de Provence et du siége de Toulon.* »

« L'auteur du mémoire fait remarquer, en commençant, que les historiens n'ont pas accordé à ce siége toute l'importance qu'il mérite. Le projet d'envahir le midi de la France, inspiré par l'Angleterre, devait commencer par la prise de Toulon. Toutes les hypothèses faites alors sur la marche des Alliés ligués contre la France furent démenties, et le comte de Grignan, qui connaissait parfaitement le pays, faisant changer le plan arrêté à Versailles, fit arriver l'armée française sur le point stratégique qui convenait le mieux pour délivrer Toulon. La bataille de Sainte-Catherine (15 août 1707) sauva la ville. Le duc de Savoie, qui avait commencé le siége le 27 juillet, s'enfuyait précipitamment le 22 août, abandonnant des morts sans sépulture et protégeant, lui-même, sa retraite par soixante escadrons de dragons. M. de Ravisi termine en faisant l'éloge du courage et du dévouement des habitants de Toulon, qui opposèrent à cette terrible invasion une résistance héroïque. »

A Saint-Etienne, le 30 avril 1876.

Bᵒⁿ TEXTOR DE RAVISI.

RÉSUMÉ HISTORIQUE SUR TOULON.

JUSQU'EN 1807.

———

Position de Toulon.

Le territoire de Toulon s'étend aux pieds d'une chaîne
de montagnes calcaires, jadis couvertes de forêts, aujour-
d'hui arides et pelées, qui va de Fréjus à Cassis et Marseille.
Cette chaîne dentelée comme une scie, a une hauteur
moyenne de 600 mètres et renferme des rochers et des pics
nombreux.

A l'Est et à l'Ouest, Toulon est ceint par des contre-
forts de cette chaîne. Ceux de l'Est ont l'aspect d'une grande
presqu'île qui court de l'Est à l'Ouest et forme la rade ; les
derniers contre-forts sont d'immenses collines qui se ter-
minent par le cap Sepet.

Toulon était déjà, en 1707, célèbre par son importance
maritime. Son arsenal, sa rade et ses magasins surpas-
saient tout ce qu'on avait encore fait ailleurs en ce genre.
On y construisait et armait un grand nombre de bâtiments
de haut-bord et des galères.

Origine de Toulon.

L'origine de Toulon se perd dans la nuit des temps. Tout
prouve que ce furent des Phocéens, ou au moins des colo-
nies de Marseille, qui le fondèrent. Cette fondation daterait
du VIIe siècle avant J.-C. Quoiqu'il en soit, cette ville eut
de l'importance sous les Romains comme capitale des Com-
mores, et, à la chûte de leur empire, c'était un des évêchés
des Gaules.

Des auteurs ont avancé que le Toulon de l'antiquité, ou
Telo-Martius, n'était pas à la place qu'occupe aujourd'hui

la ville de ce nom, mais sur la plage de la petite rade, entre la poudrière de la Goubran et le port de la Seyne.

Voici le fait qui étaye cette opinion erronée, que beaucoup ont répété sans l'approfondir par l'examen des lieux et des faits.

Les habitants d'Ollioules ayant obtenu du roi Louis II, comte de Provence, la permission de débarquer et embarquer leurs marchandises sur la plage, se hâtèrent d'y construire des quais avec des pilotis et des bâtisses en pierres. En 1412, les Toulonnais firent de grands sacrifices pour aider ce souverain à faire valoir ses droits par sa femme à la succession de Martin, roi d'Aragon. Pour leur montrer sa reconnaissance, Louis II diminua leurs tailles et révoqua le privilége des habitants d'Ollioules, comme contraire à ceux de sa bonne ville. *Le débarcadère fut donc détruit et la trace même en disparut.*

Ce sont, sans doute, les vieilles constructions sous-marines qu'on trouva plus tard qui ont fait répandre cette version de l'ancien emplacement de Toulon en cet endroit.

Etymologie du nom.

On trouve, dans une chronique locale, que vers 460, sous le pontifical de l'évêque Honorius, un général de Théodoric, roi des Wisigoths, nommé Caloninus, fit rebâtir la ville de Toulon ruinée dans les dernières guerres.

Ne serait-ce point, dit M. Vivien, de ce *Caloninus,* dont le nom serait aussi *Colonus* dans un vieux manuscrit des archives, plutôt que de *Telo-Martius* ou de *Telonium* que Toulon tire son nom. L'étymologie s'en rapproche mieux, même dans la consonnance de la dernière syllabe, comme aussi dans la déclinaison. *Telonus* et *Colonnus* sont de la 2ᵉ déclinaison et *Telo* de la 3ᵉ. On trouve dans tous les actes *Telonium, Teloni,* et jamais on y voit *Telo, Telonis.* Quant à nous, nous croyons que Toulon doit son baptême au *Tholoneum* ou bureau romain, où les navires venaient payer les droits de port et de douane.

Strabon ni Pline ne parlent aucunement de *Telo-Martius*. Cette ville est nommée, pour la première fois, dans l'itinéraire d'Antonin, et, cependant, elle est passée sous silence dans la notice de l'Empire faite sous Honorius.

Agrandissements successifs de Toulon.

Dans l'histoire de l'ancienne Provence, cette ville joua constamment un grand rôle et se distingua par l'esprit d'indépendance de ses habitants. Les Sarrazins la prirent et la pillèrent jusqu'à trois fois. En se rapprochant encore plus des temps modernes, elle fixa l'attention de deux de nos grands rois, Henri IV et Louis XIV. Tous deux, comprenant son importance maritime, firent pour son agrandissement de grands sacrifices.

Ce fut le 15 septembre 1589, après plus de cinquante années d'hésitations, que Bernard de la Valette, duc d'Epernon, amiral de France et gouverneur de Provence, donna l'entreprise des nouvelles fortifications de la ville au capitaine Hubac. En 1593, on commença une citadelle à l'Ouest de la ville, le creusage de la darse vieille et la construction d'un arsenal maritime. Les fortifications de la ville furent rasées; elles s'arrêtaient à la rue La Fayette et au Cours, d'une part, et, de l'autre, à la rue du Trabuc. La rue Royale d'aujourd'hui était le fossé du Nord. Les nouvelles fortifications comprirent six bastions sur la terre et elles se trouvèrent où sont celles d'aujourd'hui, excepté qu'elles ne comprenaient pas le quartier Saint-Roch et finissaient où se trouve actuellement la porte de l'Arsenal. Huit faubourgs, des maisons et des vergers furent englobés dans cette nouvelle enceinte. La ville avait quatre portes, celle du Nord ou de Damon (porte de France), celle de l'Est ou de Saint-Michel (aujourd'hui porte d'Italie), celle du Sud ou du Môle, et celle de l'Ouest ou du Portalet.

Louis XIV reconnaissant, à son tour, toute l'importance de Toulon comme arsenal de ses flottes dans la Méditerrannée, chargea le fameux Vauban, alors maréchal de camp, de tracer un nouveau port plus grand et plus commode que l'ancien et réservé seulement à la marine royale. Ce vaste projet demandait un agrandissement de la ville de plus des deux tiers et nécessitait la démolition des fortifications depuis le bastion de la Fonderie. Tous ces grands travaux furent exécutés et l'enceinte de la ville de Toulon se trouva, dès lors, telle qu'elle est actuellement. Le nouveau quartier conserva son nom de Saint-Roch ; il était à peine bâti en 1707.

Quand Vauban présenta son nouveau plan à la Cour, on on n'y trouva qu'une chose à redire : *c'est que l'arsenal était beaucoup trop grand.* « *Et moi, répondit-il, je le trouve « beaucoup trop petit, si notre marine doit prendre un jour le développement que le rang et la position de la France lui assignent.* » Ces paroles sont aujourd'hui vérifiées. L'expédition d'Egypte et la conquête de l'Algérie ont donné une nouvelle importance à notre marine dans la Méditerranée. Toulon se vit encore forcé de reculer ses fortifications. (1.)

Aspect de la ville en 1707.

L'aspect de Toulon en 1707 était celui d'une ville du moyen-âge. Les rues étaient étroites et irrégulières ; on y voyait à chaque pas des portiques, des piliers, des escaliers extérieurs aux maisons et tous ces moyens de défense qu'exigeaient ces temps de troubles et de dissensions intérieures.

Toute la partie de la ville comprise de la rue Royale au rempart, et de la place La Fayette à la porte Saint-Lazare

(1) Le nouvel agrandissement de Toulon a triplé la grandeur de la ville et doublé celle de l'Arsenal. Cet historique a été écrit et s'arrête en 1844.

était clairsemée de maisons et comprenait les couvents suivants avec leurs dépendances : le couvent des Bernardins, fondé en 1635 ; il est détruit aujourd'hui. Il s'étendait depuis la porte d'Italie jusqu'au bastion Saint-Bernard qui en tirait son nom. Le couvent des dames Ursulines, fondé en 1525 pour l'éducation des demoiselles de la ville : l'arsenal de la Terre et des maisons jusqu'au bastion Sainte-Ursule (auquel il donnait son nom) était son ancien emplacement. Le couvent des Carmes, fondé en 1635; il sert de caserne aux ouvriers de l'artillerie de marine et de magasins au régiment d'infanterie de marine.

Dans l'agrandissement de la ville sous Louis XIV, toute l'attention des ingénieurs se porta sur les nouvelles fortifications et ils employèrent même à les perfectionner les fonds destinés à la réparation des anciennes. Il en résulta que lorsque les Alliés, en 1707, projetèrent le siége de Toulon, les trois quarts des fortifications étaient dans un état déplorable et que la place pouvait être enlevée d'emblée sans l'effrayante activité qui fut déployée, au dernier moment, pour la mettre en état de défense.

Commandants de Toulon et de ses tours jusqu'en 1707.

Un fait de l'histoire municipale de Toulon qu'il est essentiel de relater, c'est que les bourgeois avaient, entre autres priviléges, *ceux de porter les armes, de se garder eux-mêmes et d'être gouvernés et administrés par des consuls de leur choix.*

Cet état de choses dura jusque sous Henri IV qui, pour récompenser les services de *M. de Soliers*, le nomma commandant de la ville et de ses tours; mais, respectant la fidélité des habitants à sa personne, il ne rétracta pas leurs autres priviléges, de sorte que les Toulonnais eurent seulement un commandant militaire nommé par le roi et des consuls et conseillers de leur choix.

Le brave *de Crillon*, compagnon d'armes de Henri IV, succéda à M. de Soliers dans cette charge en 1611.

M. de *Saint-Cannat*, fils de M. de Soliers, parvint après de Crillon à cette dignité. Un feu caché de discorde et de révolte couvait dans la ville. Ce n'avait pas été sans murmure que les bourgeois s'étaient vu arracher leur premier privilége. La prudence et la modération des deux premiers gouverneurs contint les esprits, mais l'orgueil et la dureté de M. de Saint-Cannat mirent la ville en révolution.

Pendant tout son gouvernement, c'est-à-dire pendant dix ans, la ville fut dans un état déplorable : deux partis, dits des *Pommiers* et des *Poiriers*, se formèrent. Ils se firent une guerre ouverte et acharnée, et « *le sang ruissela souvent* dans les rues. »

Le chevalier Claude de Garnier succéda en 1647 à M de Saint-Cannat et mourut en 1649 dans ses fonctions. Sa mort inopinée fut interprêtée diversement ; cependant il paraît certain qu'il fut victime de l'animosité des partis.

Jules de Mazarin et *César, duc de Vendôme* (fils naturels de Henri IV) gouvernèrent Toulon de 1649 à 1671 ; mais ni l'un ni l'autre ne résidèrent dans la ville, et l'autorité temporaire des consuls rétablit peu à peu le calme.

M. *de Courcelles*, qui fut nommé gouverneur en 1679, est véritablement le premier qui prit le commandement militaire de la ville et s'en réserva exclusivement les fonctions.

En 1698, Claude de Talaru, *marquis de Chalmazel*, brigadier du roi, lui succéda. M. de Chalmazel commandait Toulon pendant le siége de 1707, et il est beaucoup parlé, dans toutes les relations de son courage, de son activité et de sa prudence. Il mourut dans cette ville en 1716, et fut enterré dans le vieux cimetière. Ce cimetière est englouti, aujourd'hui, dans le haut glacis qui défile le cavalier de tranchée de la demi-lune du bastion à la Porte d'Italie.

Consuls de Toulon.

Pendant l'absence des gouverneurs ou commandants de Toulon, les consuls (ou maires) reprenaient leurs anciennes prérogatives comme lieutenants-royaux, siégeaient à l'Hôtel-de-Ville, ordonnaient le service de la place, présidaient les conseils et passaient l'inspection des troupes de la garnison. Malgré toutes les réclamations du commandant de la ville et des gouverneurs de la Provence faites à la Cour et au Conseil d'Etat, ils conservèrent ces hautes prérogatives jusqu'en 1789.

En 1707, les trois consuls qui administraient Toulon étaient : *Jacques Flamenq, Henri Ferrand* et *Louis de Marin*. Ce fut en vertu de leurs prérogatives que, pendant toute la campagne et le siége de la ville, ils commandèrent, sous le marquis de Chalmazel, les trente compagnies bourgeoises levées dans la ville et les environs.

Les consuls étaient élus pour une année seulement. En 1707, Louis XIV, comme récompense de leurs bons services pendant le siége, les maintint une année de plus dans leurs fonctions. En 1739, les bourgeois, réfléchissant qu'il n'était pas dans leurs intérêts de voir des hommes nouveaux se succéder chaque année à la tête des affaires, obtinrent du Conseil d'Etat l'autorisation d'élire un quatrième consul et de ne remplacer chaque année que deux consuls. Cette mesure si sage fut adaptée en 1758 aux conseillers municipaux.

INVASION DE LA FRANCE EN 1707

CHAPITRE I.

GUERRE DE LA SUCCESSION

Guerre de la succession d'Espagne.

L'Europe entière, excepté la Suède et la Russie, occupées par la grande querelle de Charles XII et de Pierre-le-Grand, était ensanglantée par cette guerre longue et terrible issue du second testament de Charles II, roi d'Espàgne, en faveur de Philippe d'Anjou, arrière petit-fils de Louis XIV.

Louis XIV avait vu pâlir sa fortune dans la dernière guerre. A la fin de sa longue carrière, il voyait s'écrouler pièce à pièce le grand édifice qu'il avait élevé, et des défaites et des malheurs sans nombre faire oublier les victoires et les prospérités du commencement de son règne.

Malheur à l'homme qui a trop vécu ! Faible vieillard, le grand roi ne régnait plus que par une femme, Françoise d'Aubigné, veuve du poète Scarron, marquise de Maintenon. Les princes ses enfants, ses grands capitaines, ses grands ministres, les grands écrivains qui avaient rendu son long règne si éclatant et si célèbre, n'étaient plus !... La reine morganatique et son favori, Michel de Chamillart, estimable par son intégrité et la douceur de son caractère, mais ministre incapable, résumaient, alors, toute la monarchie; ils étaient le gouvernement de la France, *ils étaient le Roi.*

De leur cabinet, ils prétendaient diriger tout et, outre les affaires du royaume, conduire les opérations de la guerre et dicter aux généraux ce qu'ils avaient à faire, même les jours de bataille. De là, les malheurs de la France; de là, ces défaites sanglantes qui ternissent l'éclat de ce règne.

Pour soutenir leur politique de réaction et de représailles contre la France, les souverains de l'Europe s'appuyaient surtout sur les épées du prince Eugène de Savoie « le favori de la victoire » et de Churchill, duc de Malborough, favori de la reine Anne d'Angleterre.

Quels étaient les généraux que la cour de Versailles leur opposait? Villeroi, Tallard, Marchin, Tessé, grands noms nobiliaires, mais très-mauvais généraux!.. Hélas! Il fallait des désastres multipliés pour montrer que le salut de la France exigeait des généraux et non des courtisans. Catinat, Vendôme, Berwich, Villars étaient, alors, rappelés à la tête des armées. Mais que pouvaient leur talent et leur courage quand, au milieu de leurs succès, les ordres de la Cour et les fautes de leurs collègues-courtisans venaient, tout à coup, entraver toutes leurs combinaisons!... Voiler par quelques beaux lauriers la honte des défaites de Chiari, Hochstedt, Ramilies, Turin!!!

Turin! c'est à cette effroyable déroute que commence ce récit.

Victor-Amédée II, duc de Savoie.

L'ambitieux Victor-Amédée, duc de Savoie, généralissime des troupes françaises en Italie, beau-père de Philippe V et cousin de Louis XIV venait, au milieu de cette guerre, de se jeter dans les rangs des Alliés et de combattre contre son propre sang, parce que la France lui avait refusé d'accepter l'échange de son duché de Savoie pour celui de Milan. Les Alliés le nommèrent, à leur tour, généralissime de leurs troupes en Italie.

Les commencements de sa défection lui furent funestes. Après avoir successivement perdu toutes les places de ses Etats, il était assiégé dans Turin, sa capitale, par le maréchal de la Feuillade et le duc de Vendôme. En vain, le prince Eugène de Savoie et le maréchal de Rowentlau avaient voulu le délivrer. Vendôme, prompt comme l'éclair, avait quitté le siége et les avait culbutés. Le prince Eugène revint à la charge avec de nombreux contingents d'Allemagne. Vendôme allait encore voler à sa rencontre quand, dans ce moment décisif, il reçut l'ordre de la Cour d'aller combattre en Flandres. Le jeune duc d'Orléans, qui devait se conformer aux avis du maréchal de Marchin, venait le remplacer.

Qu'advint-il alors? Que lorsqu'il fallait marcher au-devant de l'ennemi, le maréchal de Marchin, *en vertu d'un ordre de la Cour*, ordonna d'attendre l'ennemi ; et que le 7 septembre 1706 le prince Eugène, avec une armée de 40,000 hommes, détruisit une armée française forte de plus de 75,000 hommes, une armée victorieuse et retranchée, mais qui ayant plus de six lieues de fortifications à défendre, ne put défendre sérieusement aucun point.

Le maréchal de Marchin, ne voulant pas survivre à la honte de sa défaite, se précipita au fort de la mêlée et tomba glorieusement percé d'un coup mortel.

Le duc d'Orléans, quoique blessé, sauva les débris de l'armée et ordonna la retraite. Turin coûtait la perte des conquêtes faites pendant cinq ans en Italie par la France et l'Espagne.

Le duc de Savoie de vaincu était devenu vainqueur ! L'Europe avait, maintenant, les yeux fixés sur lui et l'avait chargé du soin de sa vengeance et de ses représailles contre les prospérités de la France. Elle mettait à sa disposition ses trésors et ses armées et lui donnait le duché de Milan sans aucun échange. En fallait-il autant pour égarer la tête de l'ambitieux duc et pour lui faire applaudir au projet de l'Angleterre d'envahir la France et de la partager ?

Les Alliés vainqueurs projettent l'invasion de la France.

Ce fut à Londres, en janvier 1707, qu'il fut résolu que, pour profiter des chances de la guerre, *la France serait envahie par le Sud-Est* : Malborough pénètrerait par la Flandre française, après avoir complété la conquête de la Flandre espagnole ; le margrave de Bareuth attaquerait par l'Alsace ; *le duc de Savoie et le prince Eugène assiégeraient Toulon avec le concours de la flotte anglo-batave* ; la flotte porterait 20,000 fusils destinés aux mécontents du Dauphiné et du Languedoc ; enfin, une armée impériale marcherait sur Naples.

Plus tard, au conseil de Valence, les plans de l'invasion

par la Provence furent dressés et il fut stipulé que le but des opérations serait, *avant tout*, LA PRISE DE TOULON ; que notre arsenal méditerranéen serait remis aux Anglais pour les dédommager de leurs frais passés, présents et futurs, et leur donner un port pour débarquer les secours qu'ils fourniraient pour le reste de la guerre.

Pendant que l'invasion se préparait, si menaçante et si inévitable, quels étaient l'état de la France et ses moyens de défense ?

Etat de la France.

La Cour de Versailles, accablée sous le poids des dernières défaites, effrayée de l'accord puissant et terrible que l'Europe mettait à poursuivre ses succès, se trouvait dans un de ces moments « *d'incertitude* et *d'erreurs* » présage sinistre de quelque grande catastrophe publique.

Ouverte de toutes parts aux armées des Alliés, sans crédit et sans argent, sans troupes suffisantes pour résister à l'invasion, la France semblait destinée à succomber. En présence de l'exiguité de ses ressources et dans l'incertitude de fortifier un point qui ne dût pas être attaqué, la Cour ajournait sans cesse à le mettre en état de défense. Telle est la clef de l'incurie désespérante qui était le plus grand péril de la situation.

Si l'on n'agissait pas, en revanche on écrivait beaucoup. De savants mais contradictoires mémoires sur la situation et sur les opérations militaires étaient demandés à MM. de Chalmay, de Médavi, Catinat, de Dillon, etc., etc., et une active correspondance était échangée entre M. de Tessé, M. de Chamillart et Louis XIV. M. de Tessé prêtait « de grands « desseins à Messieurs de Savoie, qui pourraient ne pas « réussir, mais que tout bon serviteur du Roi et de l'Etat « devait avoir prévus. »

Citons trois passages, seulement, d'une des lettres de M. de Tessé à M. de Chamillart (8 juin 1707), afin d'en montrer le ton. «.... Je voudrais bien qu'il me fut possible de ne « conduire les idées du Roi et les vôtres que sur des choses « agréables ; ma situation, le bien de son service et de « l'Etat ne le comportent pas, et, dans le cas où je puis me

« trouver, c'est tromper que de cacher, diminuer ou dissi-
« muler le mal..... »

En répondant à des objections qu'il suppose que les
courtisans feront, il dit :.... « S'il arrivait que M. de Médavi
« fut déposté, il faudrait que les ennemis fussent des ânes,
« s'ils ne faisaient passer cinquante escadrons entre le pont
« de Beauvoisin et Lyon, et il leur en resterait encore plus
« de cinquante pour agir en Provence ou ailleurs, et qu'a-
« lors sans vivres à Grenoble et sans cavalerie supérieure,
« j'ignore ce que le Dauphiné, la Provence et l'armée de-
« viendraient. »

« Mais la nation française, qu'est-elle donc devenue ?
« Elle est telle qu'elle n'a jamais été, et je ne saurais trop
« admirer ce que je vois tous les jours des officiers,
« qui marchent à pied, parce qu'ils n'ont pas de quoi ser-
« vir autrement, et que je les vois réduits au pain de mu-
« nition et à l'eau, et que j'en sais bon nombre qui sont de
« sept à huit jours sans manger un morceau de viande,
« parce qu'ils n'ont pas de quoi en acheter. »

L'*armée* personnifiant la *nation*, expression magnifique
qui montre l'ardent patriotisme qui animait le maréchal et
ses troupes. C'était la grande, la seule ressource de la France!

Positions des armées française et austro-piémontaise.

Depuis le désastre de Turin, depuis surtout le conseil
de Valence, la Cour se demandait sur quel point de la
frontière fondrait l'orage qui se préparait en Italie. Son
plan était d'envoyer Vendôme sur la Meuse pour éloigner
la guerre de la Flandre française, de lancer Villars sur
l'Allemagne et *de garder la défensive du côté des Alpes*. Elle
admit toutes les hypothèses, excepté la véritable, *l'invasion
par la Provence !* Elle pensait que le duc de Savoie envahirait
ou la Savoie, pour reprendre ses places que nous avions
encore en notre pouvoir, ou bien le Dauphiné, par le Pas
de Suze, pour pousser jusque dans le Languedoc et y soutenir les Camisards dont la révolte était à peine calmée
par la soumission de leur principal chef, Jean Cavalier, et
son élévation au grade de colonel.

D'après cette double hypothèse, René de Froulay, marquis de Tessé, maréchal de France, se tenait sur les confins de la Savoie et du Dauphiné, avec une armée de 30 à 35 mille hommes, composée en grande partie des garnisons capitulées qui revenaient d'Italie.

Le maréchal était très-alarmée de la situation. Ses troupes étaient démoralisées, mal payées et mal nourries. Elles n'avaient pas confiance en lui; elles se rappelaient le vaincu de Gibraltar et de Barcelonne et oubliaient le vainqueur de Mantoue et de Badajoz. Tessé ne comptait pas sur le patriotisme des habitants : « Le peuple, écrivait-il au Roi, est « malheureux et mécontent ; il n'a de quoi avoir ni un « fusil, ni de quoi se fournir d'une livre de poudre. »

Le duc de Savoie, pour entretenir la Cour de France dans l'incertitude du point d'attaque réel, avait partagé son armée en trois corps ; le premier était campé à Pignerol, le second à Ivrée et le troisième à Cony. Il paraissait donc menacer, également, la Savoie et le Dauphiné. Ces points, éminemment stratégiques, quoique éloignés de la Provence au premier coup-d'œil, en étaient fort près, en réalité, par la facilité des communications dans la vallée de la Doria-Baltéa, du Pô et de la Stura pour opérer une marche de concentration.

Le comte de Grignan et le marquis de Chalmazel·

François Adhémar de Montiel, comte de Grignan, lieutenant-général, commandait en Provence comme vice-gouverneur, pour Monseigneur le duc de Vendôme (1), et Claude de Talaru, marquis de Chalmazel, brigadier du Roi, commandait Toulon et ses tours. Ces deux vaillants capitaines veillaient au salut du pays et leur dévouement, leur persévérance et leurs talents sauvèrent Toulon.

---

(1) Les notices biographiques sur M. de Grignan se résument ainsi : Qu'il est connu surtout par son troisième mariage (1669) avec M\ll\e de Sévigné qu'il perdit en 1705. Presque toujours dans son gouvernement la séparation de sa femme avec sa famille donna lieu à la célèbre correspondance de M\m\e de Sévigné. M. de Grignan se distingua en prenant (1693) la citadelle d'Orange et en contribuant (1707) à repousser l'attaque des Impériaux contre Toulon.

Tous les historiens citent le maréchal de Tessé en parlant de l'invasion, très-peu mentionnent M. de Grignan et
les chroniqueurs seuls n'oublient pas M. de Chalmazel.
Encore MM. de Grignan et de Chalmazel ne sont-ils pour
eux qu'en sous-ordre; cependant, c'est à eux, aussi, que
revient la *gloire d'avoir repoussé l'invasion* de 1707.

Dès le mois de mai, des avis secrets venus des côtes
d'Italie avaient appris à MM. de Grignan et de Chalmazel
que la Provence était menacée, que Toulon serait assiégé,
et que le duc de Savoie prétendait aller passer l'hiver à
Lyon. Ils en prévinrent la Cour. *On ne leur répondit pas....*

De nouveaux renseignements et de nouveaux détails leur
étant arrivés, ils insistèrent et ils peignirent d'une couleur
sombre mais vraie, l'état de la Provence, n'ayant aucune
place en état de défense, ni troupes, ni finances.

Les gouvernants n'aiment pas la vérité, surtout celle qui
fait ressortir l'insuffisance de leurs talents politiques et admi-
nistratifs. Madame de Maintenon rit beaucoup des peurs du
bon vieux de Grignan (il avait alors 74 ans) et M. de Chamillart répondit au marquis de Chalmazel : « Si vous êtes
« attaqué, j'espère que vous ferez votre devoir pour vous
« défendre en bon et noble gentilhomme. »

Le prince de Monaco envoya, à son tour, courriers sur
courriers; mais tout aussi inutilement. La Cour croyait
fermement à ses talents politiques et militaires. Son incré-
dulité inexplicable semblait s'augmenter en raison même
de la persévérance qu'on mettait à la dissuader. C'était un
de ces entêtements de gouvernants qui bouleversent si
souvent les empires par l'impéritie et le découragement
qu'ils communiquent aux masses, et qui les livrent plus
sûrement aux ennemis que ne l'eût fait la plus sanglante
défaite.

Vers le milieu du mois de juin 1707, les avis devinrent,
cependant, si nombreux et si précis, que la Cour se vit
forcée de croire. Mais, alors, tout semblait perdu. On s'attendait à voir de jour en jour le duc de Savoie ébranler ses
colonnes, les Alliés fouler pour la première fois le sol de
la France et porter dans son sein le fléau de la guerre
qu'elle avait promené si longtemps dans leurs provinces.

La Cour donne, enfin, des ordres.

M. le marquis de Langeron, lieutenant-général des armées navales et commandant la marine royale de Toulon, et M. de Vauvray, intendant de la Provence, sont appelés en hâte à la Cour. Le vieux Roi s'effraie de l'état des choses. Il trémit d'indignation et de colère quand il apprend que, malgré les ordres donnés et les millions dépensés pour les fortifications de Toulon, « *cette place est dans un tel délabrement qu'on la peut enlever d'emblée.* »

Le vieux Catinat est consulté, et, pour la dernière fois, il fait entendre sa voix patriotique dans le conseil du Roi. Les ordres de Versailles se succèdent rapides dans les différents services ; plusieurs sont signés du Roi lui-même « le vieux lion retrouve son ardeur juvénile ». Tous les officiers de Provence civils et militaires se rendent précipitamment à leurs postes et la Cour montre, tout à coup, autant d'activité qu'elle a montré de torpeur et d'inertie.

Le 23 juin, MM. de Grignan, de Vauvray et de Langeron étaient de retour à Toulon pour y continuer leurs fonctions ; ainsi que le marquis de Saint-Pater, lieutenant-général, pour commander les troupes de la garnison, ayant sous ses ordres le comte de Cadrieu, brigadier du Roi, et M. de la Ladoire ; le marquis de Sailly, lieutenant-général, pour commander en second sous M. de Grignan, le baron de l'Enfant, commissaire, pour être ordonnateur général, ayant sous ses ordres le comte de Chavigné, etc., etc.

Cependant M. Arnoux, intendant des galères du Roi, étant parti pour Paris avait rencontré, à son passage à Lyon, MM. de Langeron et de Vauvray. Il portait au Roi de nouveaux renseignements et lui annonçait que le duc de Savoie s'était mis en mouvement et se dirigeait sur le Var « *alea jacta est.* »

La Cour s'émut ; *il ne s'agissait plus, maintenant, d'empêcher l'invasion de la Provence, mais de sauver Toulon.*

Elle ordonna au maréchal de Tessé de rassembler son armée, de ne laisser dans le Dauphiné que de quoi couvrir le pays, et de voler pour défendre le passage du Var et couvrir Toulon. C'était, précisément, sur cela que comptaient les princes de Savoie : forcer le passage du Var, écraser l'armée française à Cuers, enlever ou bloquer Toulon et pousser à Marseille ; raviser la révolte des Camisards.

Le comte de Grignan sauve Toulon en faisant changer l'itinéraire des troupes françaises.

Etait-il temps encore ?... Non... la Provence et Toulon étaient perdus sans l'habileté des généraux, ou plutôt sans la connaissance parfaite que le comte de Grignan avait du pays : *vieux chasseur*, il connaissait pratiquement la topographie de sa chère Provence.

En effet, anticipant sur les événements, nous dirons que les Alliés avaient passé le Var le 10 juillet, qu'ainsi ils étaient à 40 lieues de Toulon, tandis que la division la plus rapprochée du maréchal de Tessé en était à 50 et les autres à 60 lieues. Le marquis de Goesbriant, qui commandait celle-là, avait un itinéraire tracé par la Cour de Versailles, *c'était l'itinéraire ordinaire* des *cartes routières*, celui sur lequel le duc de Savoie et le prince Eugène avaient eux-mêmes compté pour arriver sous les murs de Toulon avant les troupes françaises.

M. de Goesbriant devait aller, par Réez, prendre la route de Barjols, tomber sur Brignolles et arriver à Toulon par Cuers, Soliès et la Valette.

Le comte de Grignan fit remarquer au marquis de Broglie, qui lui en donna connaissance, que cette marche avait l'inconvénient de couper celle des Alliés, *au point stratégique de Cuers*, et qu'elle ne donnait aucune avance sur l'ennemi autre que celle des marches forcées. Il le supplia donc de partir et de faire approuver par le Maréchal l'itinéraire suivant qui, *seul*, pouvait sauver Toulon, en donnant aux Français la possession du camp retranché de Sainte-Anne et du plateau de Sainte-Catherine.

« *Ordonnons à tous les lieutenants-généraux, maréchaux « de camp et autres brigadiers du Roi de l'armée du Dau- « phiné présents ou arrivant à Réez, de porter leurs troupes « jusqu'à Tavernes, pour de là les faire tirer droit sur Tou- « lon, à travers la montagne, passant par Roquebresse et la « Chartreuse de Montreux.* »

Au point où en étaient les choses, Toulon était devenu le prix de la course : au plus vite arrivé ! Comment la plupart des chroniqueurs passent-ils sous silence et d'autres mentionnent-ils à peine cet itinéraire rectifié par le comte de Grignan qui sauvait la France ?

C'est ainsi qu'en 1707, grâce à une notion des lieux meilleure que celle des officiers d'état-majors réputés compétents, Toulon était sauvé par le vieux de Grignan, et c'est ainsi qu'en 1797, grâce, aussi, à la connaissance qu'il avait du point stratégique qu'il importait d'utiliser, le jeune Bonaparte chassait les Anglais de cette ville. L'étude de la topographie militaire ne saurait trop être encouragée dans l'armée.

Le maréchal de Tessé accueillit avec déférence les observations de M. de Grignan. Dans la nuit du 20 au 21 juillet, M. le chevalier Bernard de Guénot, aide-de-camp du comte de Grignan, guidait lui-même les colonnes françaises à Tavernes.

Le 23 juillet, à 3 heures de l'après-midi, le marquis de Goesbriant était à la Valette. A 4 heures, le comte de Grignan se jetait dans ses bras « ivre de joie » et le recevait à la porte Saint-Lazare à la tête des troupes de la garnison et des milices bourgeoises.

Ce jour fut, pour Toulon, un jour de bonheur ! Toutes les cloches de la ville sonnèrent à toute volée ; l'enthousiasme et la confiance, qui se communiquèrent tout à coup aux troupes et aux habitants, présagèrent la victoire.

Ce ne fut que le 26 juillet au soir que le duc de Savoie *atteignit la Valette* et qu'il y apprit que la division de M. de Goesbriant l'avait devancé de *trois jours !* Il augura mal, dès lors, du succès de son entreprise.

Situation de la Provence et de Toulon.

Reprenons, maintenant, la marche des événements et voyons ce qui se passa à Toulon jusqu'à l'arrivée de l'armée des Alliés.

Pour résister à l'invasion qui la menaçait, la Provence était dans un état de dénûment et de pénurie que les malheurs des dernières guerres peuvent seuls faire comprendre. Les coffres de la généralité étaient vides, quelques bataillons dispersés au hasard étaient toute la défense du pays, et les places de guerre, sans approvisionnements et sans garnison, ne pouvaient résister qu'à des coups demain et non à des attaques en règle.

Toulon surtout, sous le rapport des fortifications, Toulon, réputé le boulevart du pays, était dans un état pitoyable de défense, malgré les sommes immenses allouées par la municipalité et par la Cour pour l'agrandissement de la ville, le creusage de la darse neuve, la construction de l'arsenal maritime et des nouvelles fortifications.

Tous ces travaux immenses étaient à peine achevés, et ils avaient, cependant, nécessité des emprunts et des virements de fonds destinés à des projets qui semblaient moins pressés. La réparation des anciennes fortifications de l'Est et du Nord-Est avait, surtout, souffert de ces expédients. Leur délabrement était si grand que la *place, attaquée dece côté, ne pouvait tenir plus de quatre jours!* Cet état de choses était parfaitement connu des Alliés ; aussi marchèrent-ils sur Toulon comme à un triomphe certain.

Grâce aux hésitations de la Cour et à la lenteur de ses ordres, ce ne fut que dans les premiers jours de juin qu'on travailla, enfin, à mettre Toulon en état de défense. Aussi, disons-le hautement à l'honneur de notre génie national et de notre initiative privée mis aux prises avec la difficulté présente, il n'est pas fait mention dans l'histoire d'une activité et d'un zèle plus grands que ceux que développèrent les habitants, les marins et les troupes, ni de travaux aussi gigantesques exécutés en aussi peu de temps.

Il ne s'agissait rien moins que de fortifier Toulon et ses abords, d'élever le camp Sainte-Anne (vaste redoute polygonale pouvant contenir plus de 10,000 hommes), de construire les retranchements de Sainte-Catherine et d'Artigues, d'armer de canons, de mortiers et de munitions les bastions de la place, d'achever et de réparer les parapets, de recreuser les fossés, de construire presque partout les glacis et les chemins couverts ! !

« *Rien n'était fait et tout était à faire, c'était à désespérer de tout,* » dit M. de Chalmazel.

Les talents et l'activité des généraux vainquirent de

si grands obstacles et surent réveiller chez tous le patriotisme et la haine de l'étranger : noble enthousiasme qui, une fois à son apogée, se rit des difficultés et grandit avec elles. C'est là que brillèrent le patriotisme de MM. de Tessé, de Grignan, de Chalmazel, de Besons, de Vauvray, de Langeron, des trois consuls de la ville (MM. Flamenq, Ferraud et de Marin), de Mgr. de Chalucet, de MM. de Niquet, de la Blotherie et de cent autres. C'est là que paysans, bourgeois, soldats, marins et religieux s'unirent tous dans un suprême effort commun pour repousser l'ennemi du sol de la Patrie ! L'union devant l'étranger, c'est la manifestation du véritable patriotisme.

Organisation de la défense.

Citons, ici, quelques lignes des pouvoirs que Louis XIV donna au marquis de Besons « *pour la conservation des pays qui sont sur le bord du Rhône depuis la place de Genève jusqu'à son embouchure.* » Sa position officielle n'est pas, en effet, indiquée par les chroniqueurs.

« Ordonne, Sa Majesté, à tous les maires et échevins des vil-
« les et lieux qui se trouvent à portée dudit commandement de
« reconnaître le sieur de Besons, et lui obéir en tout ce qu'il
« leur commandera pour le service du Roi, à peine de désobéis-
« sance, le tout sous l'autorité de M. le duc de Roquelaure pour
« ce qui regarde le Languedoc, et M. le comte de Grignan pour
« ce qui regarde la Provence.

« Permis d'assembler la noblesse du Lyonnais, du Forez et
« Beaujolais en cas de besoin, aussi bien que celle de Bresse.

« Au cas où les ennemis entrassent en Provence ou en Dau-
« phiné et que M. le maréchal de Tessé rassemblât ses troupes
« pour marcher à eux, le sieur de Besons pourra le rejoindre
« pour servir de lieutenant-général dans ladite armée, après
« avoir donné tous les ordres qu'il jugera nécessaires pour la
« conservation des passages (du Rhône). » (19 juin 1707.

CHAPITRE I.

(Suite.)

DOCUMENTS DIVERS.

Donner des détails inconnus ou peu connus propres à aider au contrôle ou à l'intelligence des récits des chroniqueurs et des historiens sur la campagne de 1707, étant le but capital de ce mémoire, nous mettons ici les documents statistiques suivants concernant l'armement de Toulon, les forces respectives des armées françaises et alliées, etc.

Nous en faisons un sous-chapitre à part pour ne pas arrêter notre récit et nous y joignons une carte routière de la Provence et un plan topographique de Toulon en 1707 pour faciliter la lecture de notre chronique.

Effectif de l'armée austro-piémontaise.

Les documents officiels des Alliés avouent un total de 55 à 60,000 hommes, dont 15 à 18,000 de cavalerie *sans comprendre les hussards.*

TROUPES DE L'EMPEREUR :

Infanterie (16 contingents.)

Bagny ; Guido-Stahremberg ; Harrach ; Kirchbaum ; Herberstein ; Iselbach ; Kœnigsegg ; Max-Stahremberg ; Osnabrück ; Regal ; Rewentklau ; Sauwion ; Saxe-Meinungen ; Talpaches ; Wolfenbüttel ; Würtemberg comprenant un total de 28 à 30 bataillons, soit 17 à 20,000 fantassins.

CAVALERIE : (13 contingents.)

Dragons : Herbevillé, Eugène, Filtz et Reising.

Cavaliers : Breiner, Falkenstein, Hatzfeld, Martini, Palfy, Pfefferkon, Roccavion, Vehlen, Visconti, comprenant un effectif de 7 à 8,000 cavaliers.

Les Hessois,	infanterie et cavalerie,	7,700 à 8,000 h.
Les Palatins,	—	4,000 à 5,000
Les Prussiens,	—	5,000 à 6,000
Les Saxons-Gotha,	—	2,000 à 2,500

Troupes du duc de Savoie :

15 à 20 bataillons d'infanterie,	9,000 à 10,000 h.
27 à 30 escadrons de cavalerie,	4,000 à 5,000

Effectif du corps expéditionnaire de Naples.

Le corps expéditionnaire destiné à renforcer l'armée d'invasion et qui fut dirigé sur Naples se composait de 9,000 à 10,500 hommes : Eugle, Schisvid, Thaun, Wallis, soit de 10 à 12 bataillons ; *cavaliers* : Caraffa et Neubourg ; *dragons* : Paté, Sinzendord et Vaubonne : soit 5 à 6 régiments formant un total de 6 à 7,000 fantassins et 3 à 3,500 cavaliers.

Effectif de l'armée austro-piémontaise par campements.

				y compris les Hussards
Camp d'Orbassano, de . . .	17,500	à	18,500	hommes
Camp de Rivoli, de.	12,500	à	13,500	hommes
Camp de Saluces, de. . . .	16,000	à	17,000	hommes
Camp de Tina, de	9,000	à	10,000	hommes
Divers postes et garnisons,	5,000	à	6,000	hommes
Total. . . .	60,000	à	65,000	hommes

ARMEMENT DE TOULON FRANÇAIS PENDANT LE SIÉGE DE 1707.

1.

Bastion des Minimes.

31 canons de 24.
2 mortiers de 16 pouces.
3,100 boulets.
400 bombes.

2.

Bastion Saint-Bernard.

32 canons de 24
4 canons de 36.
2 mortiers de 16 pouces.
1 mortier de 9 pouces.
3,600 boulets.
500 bombes.

3.

Bastion Sainte-Ursule.

39 canons de 24.
4 canons de 36.
2 mortiers de 16 pouces.
4,300 boulets.
400 bombes.

4.

Bastion de la Fonderie.

24 canons de 24.
18 canons de 36.
2 mortiers de 15 pouces.
4,200 boulets.
400 bombes.

5.

Bastion Royal.

47 canons de 24.

1 mortier de 15 pouces.

3,700 boulets.

600 bombes.

6.

Bastion de l'Arsenal.

35 canons de 24.

1 mortier de 15 pouces.

2 mortiers de 8 pouces.

3,500 boulets.

600 bombes.

7.

Bastion du Marais (à gauche.)

4 canons de 12.

4 canons de 8.

1,000 boulets.

Total 242 canons et 13 mortiers.

Ajouter l'artillerie du bastion de la Ponche-Rimade, et celle des Darses, camps retranchés, forts, vaisseaux et autres postes montant à 400 canons et à 10 mortiers.

Total 842 canons.

45,400 boulets.

23 mortiers.

4,500 bombes.

Garnison de Toulon pendant le siége de 1707.

12 brigades servant l'artillerie de la place et commandées par des officiers de vaisseau montant à 3,780 hommes ;

Les équipages du vaisseau le *Saint-Philippe* et le *Tonnant* montant à 800 hommes ;

La compagnie des Gardes de la marine ;

2 bataillons de Flandre détachés dans les forts de Sainte-Marguerite, Saint-Louis, Grosse-Tour, Tour-Balaguier, Aiguillette, etc., etc., montant à 1,300 hommes ;

6 compagnies de Milices cantonales ;

30 compagnies de Gardes-bourgeoises formant en tout à peu près 4,500 hommes ; — soit au total général 10,380 à à 11,000 hommes.

Le marquis de Saint-Pater, commandant en chef la garnison, ayant sous ses ordres M. de Cadrieu, brigadier du roi, chargé spécialement du chemin couvert.

Le marquis de Chalmazel, commandant la place, ayant sous ses ordres les trois consuls : MM. Flamenq, Ferrant et de Marin, commandant les Milices bourgeoises.

Troupes d'infanterie et de cavalerie composant l'armée du maréchal de France, marquis de Tessé, qui a combattu en Provence en 1707.

66 bataillons d'infanterie,
54 escadrons de cavalerie,
2 compagnies de mineurs.
2 compagnies d'ouvriers venus de Marseille.

Il faut joindre à ce contingent les 6 compagnies des Milices et les 30 compagnies de Gardes bourgeoises (soit 4,500 hommes) indiquées ci-dessus dans la garnison de Toulon et qui ont, sans cesse, combattu en ligne avec les troupes royales.

Dans sa lettre du 8 juin 1707 à M. de Chamillart, le maréchal de Tessé disait, à propos des effectifs : « Alors que « le Roi voit un régiment complet sur la revue du com- « missaire, *ce qu'il est* a un tiers moins sur celle de l'ins- « pecteur ; celle du dernier est réelle et l'autre est fausse. »

Troupes du camp retranché de Sainte-Anne,
le 26 juillet 1707.

MM. de Goesbriant et de Dillon, lieutenants généraux.

MM. de Montsoreau, de Villars et de Carraccioli, maréchaux de camp.

MM. Le Guerchois, des Touches, de Broglie, de Tessé, de Raffetot, de Barville et de Sanzay, brigadiers du roi.

En première ligne les régiments : la Marine, Vexin, Bourgogne, d'Esgrigny, Cotentin, Mirabeau, Ile de France, Gâtinais, Boissieux, Bugey, Forez et Tessé ; soit 20 bataillons.

En deuxième ligne, les régiments : Limousin, Brie, Thiérache, Berry, Soissonnais, Albigeois, Cordes, Sanzay, Bassigny et la Sarre ; soit 14 bataillons.

Total 34 bataillons.

*Etat des troupes du maréchal de Tessé et leurs positions
à Toulon le 10 août 1707.*

CAMP DE MISSIESSY.

*La droite au château de Missiessy et la gauche à Saint-
Antoine.*

Généraux.

De Tricot.	Régiments	Lyonnais,	2 bataillons.
—	—	Rouergue,	1 —
—	—	Cambresis,	1 —
De Maulevrier.	—	Anjou,	2 —
—	—	Dauphiné,	2 —
De Dillon.	—	Bretagne,	1 —
—	—	Castella,	2 —
De Moutet.	—	Châteauneuf	1 —
—	—	Bigorre,	1 —
—	—	Beauvoisin,	1 —
—	—	Touraine,	1 —
—	—	Royal-artil.rie	1 —

Total du camp de Missiessy,   16 bataillons

CAMP SAINTE-ANNE.

*La première ligne ayant sa droite au chemin couvert de la
ville et la gauche à la montagne Faron.*

Généraux.

Le Guerchois.	Régiments	La Marine,	3 bataillons
—	—	Vexin,	2 —
Des Touches	—	Bourgogne,	2 —
—	—	Esgrigny,	2 —
—	—	Cotentin,	1 —
De Broglie.	—	Mirabeau,	2 —
—	—	Ile de France	1 —
De Tessé	—	Bugey,	1 —
—	—	Forez,	1 —
—	—	Tessé,	2 —

Total du camp de Saint-Anne,   17 bataillons.

CAMPEMENT A LA VILLE.

Régiment Flandre,	2 bataillons.
Gatinois,	2 —
Bourgogne,	1 —
Troupes de la marine,	3 —
Total du campement à la ville,	8 bataillons.

CAMPEMENT AUX FRÈRES.

Castella,	,	1 bataillon.
Marine,		1 —
Total du campement aux Frères,		2 bataillons.

La deuxième ligne ayant sa droite à la montagne Faron et la gauche à la ville (par la Charité).

Généraux.				
De Rochefort.	Régiments	Limousin,	2 bataillons.	
—	—	Brie,	2 —	
De Sanzay,	—	de Sanzay,	2 —	
—	—	Bassigny,	1 —	
—	—	La Sarre,	1 —	
Total			8 bataillons.	

CAMP DE SAINT-ANTOINE.

Généraux.				
de Barville.	—	Berry,	1	—
—	—	Soissonnais,	1	—
—	—	Albigeois,	1	—
—	—	Cordes,	1	—
De Nizas.	—	Thiérarche,	2	—
—	—	Boissieux,	1	—
Total de la deuxième ligne,			15 bataillons.	
Total général,			58 bataillons.	

*Troupes laissées par la maréchal de Tessé pour la défense
des frontières pendant le siége de Toulon.*

Sous M. de **Chamarande** pour défendre le Dauphiné :
17 bataillons, savoir :

5 dans les retranchements de Suze ;
2 au Col de la Roue ;
7 de Pérosa à Fenestrelle ;
2 vallée de Barcelonnette ;

Sous M. de Thouy, pour défendre la Savoie :

5 bataillons et 3 escadrons au camp de Saint-Maurice ;
3 bataillons à Couflens, Moutiers, etc.

*Troupes laissées en Piémont par le duc Victor-Amédée II,
pendant le siége de Toulon.*

Sous M. de Visconti, savoir :

10 bataillons et 9 régiments de cavalerie à Pignerol ;
3 régiments de cavalerie à Avigliano ;
3 bataillons dans le Val d'Aoste.

*Situation des troupes du maréchal de Tessé pour continuer
la campagne qaand les Alliés eurent repassé le Var.*

Provence	Infanterie	23 bataillons.
Barcelonnette,	—	13 —
Dauphiné,	—	10 —
Savoie,	—	12 —
Camp de Sablons,	cavalerie	18 escadrons
Camp de Barbantane,	—	38 —

Total,   58 bataillons.
            56 escadrons.

CHAPITRE II.

INVASION DE LA PROVENCE.

Les Alliés ébranlent leurs colonnes.

Ce fut dans les premiers jours de juillet 1707 que le duc Victor-Amédée ébranla ses colonnes. Le prince Eugène de Savoie avait réuni ses troupes aux siennes, et il ne restait en Italie que le général de Kirchbaum qui, avec une division de 9,000 hommes, devait agir dans le Val d'Aoste.

Les historiens étrangers cherchent à diminuer le nombre de l'armée austro-piémontaise et à augmenter celui de l'armée française : les uns portent l'armée des Alliés à 30,000 hommes d'infanterie et à 8,000 de cavalerie ; les autres de 50 à 55,000 hommes ; d'autres précisent que l'armée d'invasion se composait de 70 bataillons et 8,000 chevaux, d'un corps de secours de 10,000 hommes et de 9,000 hommes de réserve restés en Piémont.

Il résulte des documents officiels que les Alliés avaient 60 à 65,000 hommes, effectif dont nous avons donné les détails. Les chroniques françaises du temps parlent de 65 à 70,000 hommes.

Si l'on considère que les Alliés ont perdu en Provence, de leur propre aveu, 10,000 à 12,000 hommes et selon les chroniques françaises 15 à 18,000, et qu'ils appelaient, aux revues de Fréjus, leur armée « la grande armée », on conclut que le chiffre des chroniques françaises est le plus exact.

Quant à la force de l'armée française, elle était de 30 à 35,000 hommes, mais nous avons donné, également, les détails des forces qui combattirent en Provence et sous les murs de Toulon.

Quoiqu'il en soit, *seize princes souverains des États de l'Allemagne et de l'Italie et plusieurs généraux célèbres* commandaient l'armée des Alliés. Là, brillaient les princes de Wurtemberg, de Saxe-Gotha, de Hesse-Cassel, d'Anhald et les généraux Zinjungen, de Kœnigsegg, de Beaufort, de Ribender, etc. Victor-Amédée II, duc de Savoie, commandait en chef avec le titre de généralissime, et Eugène, prince de Savoie, la commandait en second avec le titre de major-général.

L'armée s'avança par Cony et le Col de Tende. Nul obstacle ne se présentait à elle. M. de Parade, qui commandait dans le pays, battit en retraite, jetant deux bataillons dans Villefranche et Monaco. Sans s'arrêter à ces villes, les Alliés traversèrent le comté de Nice, et, le 9 juillet, leur armée paraissait sur les bords du Var.

Cette rivière, qui n'est qu'un large torrent, n'est guère défendable du côté de la France. Cependant, le passage n'est pratiquable qu'à son embouchure ; partout ailleurs elle roule dans des rochers affreux.

M. de Sailly, lieutenant-général, s'y établit avec 7 bataillons, deux régiments de cavalerie et 3 à 4,000 hommes de milices. Il y avait élevé, à la hâte, avec l'assistance des paysans et des milices, quelques retranchements qui s'étendaient depuis la mer jusqu'au village de Saint-Laurens.

Combat de Saint-Laurens, invasion de la France.

Le 11 juillet au matin, l'avant-garde de l'armée était arrivée sur le bord de la rivière. Le duc de Savoie ordonna le passage. Trente compagnies de grenadiers, commandées par le prince d'Anhald, s'élancent sur des radeaux et dix frégates anglaises, embossées à l'embouchure de la rivière, commencent sur les Français un feu de revers et d'enfilade. Des embarcations partent, alors, de la flotte et des troupes de débarquement prennent les retranchements à revers.

M. de Sailly, voyant l'impossibilité de résister, bat en retraite en bon ordre, après une courte mais vive résistance « *l'honneur des armes était sauvé* »; quelques milices seules se débandèrent. Les Alliés avaient perdu plus de 300 hom hommes tués ou noyés.

Les cavaliers et les dragons de l'armée ennemie avaient passé le Var, une lieue au-dessus du village Saint-Laurens, et le prince Eugène, avec une forte colonne, l'avait passé à peu près à la hauteur de Brue. Le comte de Brenner fut chargé, avec de la cavalerie, de poursuivre M. de Sailly. Il lui fit quelques prisonniers, mais se retira devant un mouvement offensif que M. de Sailly ordonna à M. Le

Guerchois, brigadier du roi, qui formait l'arrière-garde avec cent chevaux et cinq compagnies de grenadiers.

Proclamations du duc de Savoie.

Le duc de Savoie, avec son quartier-général, campa à Saint-Laurens. C'est de ce premier point du territoire français qu'il lança ses ridicules proclamations. Il y disait pompeusement qu'il était l'ami du pays, qu'il venait pour soulager les impôts, qu'il respecterait les biens et les personnes, etc., etc.

Nous avons dit que ces proclamations étaient ridicules, ajoutons qu'elles étaient impudentes, parce que le mensonge de ses intentions était palpable et grossier. Il les envoyait afficher et lire dans les localités par des détachements qui *mettaient tout à feu et à sang*. Il retenait pour lui tous les magasins, s'emparait des récoltes et des provisions du pays et les vendait chèrement aux troupes alliées à son profit personnel. Enfin, dans tous les villages, bastides et fermes, il fit enlever les portes, les fenêtres et le fer, et, aussi, les gros meubles abandonnés par les habitants, pour les vendre à des marchands gênois et francforiens qui suivaient l'armée à cette intention. Il ne partit de ce village de Saint-Laurens, d'où étaient datées ses proclamations, *qu'en le faisant brûler* en sa présence. Il montrait, ainsi, le cas qu'on devait faire de ses paroles.

Aussi, les proclamations du duc Victor-Amédée II, *appuyées par ses actes comme commentaires*, eurent-elles pour résultat de réveiller tout-à-coup le patriotisme des habitants engourdi par les malheurs du temps. Les milices des villes se rallièrent partout aux troupes régulières et les paysans, d'abord consternés par la nouvelle de l'invasion, s'armèrent de fourches, de faux et de vieux mousquets, et coururent sus aux traînards et aux maraudeurs. Ils en tuèrent un grand nombre, surtout quand l'armée des Alliés battit en retraite.

Marche des Alliés.

Ce ne fut que le 15 juillet que le duc de Savoie partit de Saint-Laurens et il vint camper à Biot. Le 16, il était à Cannes.

Le 17, il marchait sur Fréjus. Il laissa sur sa gauche le port et la ville d'Antibes sans même y envoyer un corps d'observation ; et, pourtant, ce point eût été précieux pour lui dans le succès comme dans le revers, pour rallier son armée à sa flotte.

Le 19, il entra à Fréjus. Il y fit une entrée triomphale.

L'évêque (Mgr de Fleury, depuis cardinal et ministre), y était resté, et par sa fermeté il évita à cette ville les insultes et les violences dont la menaçaient l'avant-garde des Alliés.

Lorsque le duc de Savoie parut devant la ville, l'évêque s'avança fort loin pour le recevoir à la tête de tout son clergé et des notables. Le duc traita ce digne prélat avec égard et politesse. Ce fut à sa considération personnelle qu'il ne fit souffrir à Fréjus d'autres dommages que ceux des impôts. Il resta trois jours dans cette ville à attendre les troupes restées en arrière et son artillerie, perdant ainsi un temps précieux. Il s'occupa à passer des revues de la nombreuse armée qui l'accompagnait.

Le 21, l'armée campa aux Arcs-sur-l'Argens Le 22, elle passa cette rivière et poussa jusqu'à Le Luc. Le 23 elle arriva à Pignans, et les troupes fatiguées d'une longue marche dans un pays montagneux et brûlé s'y reposèrent un jour entier.

Le 25, l'infanterie s'étendit dans le pays et occupa jusqu'aux bourgs de Cuers et de Solliès ; la cavalerie se logea en grande partie à Solliès-Pont.

Le lendemain 26, l'avant-garde atteignit, enfin, le village de La Vallette, situé à trois quarts de lieue de Toulon sur la route d'Italie et, bientôt après, elle occupait de vive force la cime de Faron, point culminant des montagnes toulonnaises.

Le 27, et les jours suivants, l'armée atteignit La Valette et campa entre ce village et le bois du fort Sainte-Marguerite.

Retraite de M. de Sailly.

Revenons, maintenant, à la retraite de M. de Sailly qui, ayant d'avance les journées que le duc de Savoie avait perdues dans sa marche, était arrivé à La Vallete de-

puis le 19 juillet. Dès les premières heures de sa retraite, la nature du pays lui avait permis d'arrêter la poursuite des cavaliers de Brenner, et, dès lors, sa marche
s'effectua sans inquiétude de la part des Alliés, et il campa
le soir même derrière le Loup.

Supposant qu'Antibes serait attaquée, il y laissa deux
bataillons et se dirigea sur Toulon, par la route de Grasse.

Le peu de bienveillance que les magistrats et les habitants, effrayés de se voir à la merci de l'invasion, mirent
à accueillir les troupes de M. de Sailly battant en retraite,
est un fait que plusieurs historiens ont mis en avant pour
accuser le patriotisme des Provençaux. Ce fait isolé, premier mouvement de panique et d'effroi, devient une *ca-
lomnie* regrettable en le généralisant, en présence de
l'héroïque conduite des milices provençales et des habitants
de Toulon et des combats incessants que les paysans livrèrent à tous les détachements qui quittèrent le gros des
colonnes de l'armée envahissante, « *de l'armée du duc des
Marmottes.* »

Le 13 juillet, M. de Sailly campa près de Le Muy, derrière
les défilés de l'Esterel, avec 7 escadrons et 7 bataillons, mais
n'ayant pu rassembler les milices et comprenant que son
petit corps était plus utile à la défense de Toulon qu'à
tenter vainement d'arrêter le flot de l'invasion, il ne dé-
fendit pas les défilés de l'Esterel entre Cannes et Fréjus ;
cependant, arrivé à Cuers, piqué de la sécurité avec laquelle les Alliés s'avançaient, sans prendre plus de précau-
tion et de mesure que dans un pays ami, il ne put résister
à l'envie de leur donner une leçon et de venger son échec
de Saint-Laurens.

Combat de Cuers.

Les consuls de Cuers lui fournirent deux hardis bourgeois qui, munis d'un passeport de députés, allèrent traiter
des contributions avec les Alliés. Pris par les éclaireurs et
relâchés après la lecture de leurs papiers, l'un d'eux, au
lieu de se rendre auprès du général allemand, s'esquiva,
et par un chemin détourné, vint rendre compte à M. de
Sailly de la position et de la force des Alliés.

M. de Sailly fit, alors, volte-face et surprit l'avant-garde composée de cavalerie. Après un court mais rude combat, il la dispersa et lui tua beaucoup de monde. Il fit peu de prisonniers, mais parmi eux se trouvait le comte de Beaufort, major-général des troupes de l'Empire et qui commandait l'avant-garde ; sa perte fut regrettée par toute l'armée alliée.

Cette brillante escarmouche, passée sous silence par les chroniqueurs et les historiens, et le combat de Saint-Laurens furent les seuls engagements que l'armée d'invasion eût à soutenir dans sa marche sur Toulon.

Mais les paysans conduits par leurs consuls, leurs seigneurs et leurs curés, livrèrent aux maraudeurs et aux éclaireurs des combats où les Alliés perdirent beaucoup de monde. Voilà ce qui devait être établi ; la vérité est la loi de l'historien, surtout quand il s'agit de l'honneur national.

Arrivée de M. de Sailly à Toulon.

Le 19, M. de Sailly arriva à La Valette. Les habitants, effrayés de l'approche de l'invasion, avaient tout enfoui et tout caché. Ses soldats, par suite, ne se trouvant pas reçus au gré de leurs désirs, pillèrent et dévastèrent le village pendant la nuit, sous prétexte d'en ôter la ressource aux Alliés. Triste, mais trop fréquente, épisode de la guerre.

Le lendemain, 20 juillet, 10 heures du matin, M. de Sailly rendait compte de sa retraite au marquis de Saint-Pater et au comte de Grignan. Selon lui, le duc de Savoie devait être sous les murs de la ville le 25. Sa division prit position devant la ville, l'infanterie à la droite des retranchements de Sainte-Catherine, la cavalerie et les dragons au pied du plateau du même nom, et près de la chapelle qui se trouvait en cet endroit.

Ce fut le 23 juillet, nous avons déjà dit, que la division de M. de Goesbriand arriva à Toulon. La rapidité des marches avait déjoué les projets des Alliés.

CHAPITRE III.

SIÉGE DE TOULON.

Prise de la Croix-Faron.

Nous avons dit que c'était le 26 juillet au matin, que l'avant-garde de l'armée d'invasion campa à La Valette et qu'elle s'empara tout aussitôt de la montagne Faron qui domine Toulon et tout le pays environnant.

Cette entreprise fut exécutée avec autant de hardiesse que de vigueur. Des hussards s'approchèrent de Sainte-Catherine à portée de pistolet et reconnurent les retranchements. En même temps, deux détachements attaquaient l'un la Croix-Faron et l'autre le plateau qui est en avant de Sainte-Catherine et des réserves étaient échelonnées dans la plaine.

M. Le Guerchois, brigadier du roi, avait été spécialement chargé de la conservation des crêtes de la montagne, mission capitale, car les Alliés ne pouvaient ni forcer le camp Sainte-Anne ni prendre Toulon avant de s'en être rendus maîtres.

La montagne Faron, escarpée du côté de Toulon, est très accessible, au contraire, du côté de La Valette. M. Le Guerchois n'avait pour défendre ce point important que deux compagnies de grenadiers et 40 fusilliers. Il occupait la Croix-Faron, masure ouverte à tous les vents et entourée d'un petit mur en pierres sèches. Un détachement de 300 grenadiers l'attaqua de deux côtés à la fois. M. Le Guerchois les contint d'abord par son feu ; mais les Alliés ayant été se poster sur le sentier qui conduit à Sainte-Catherine, en même temps qu'un autre gros détachement se préparait à l'attaquer par la crête de la montagne, il craignit d'être cerné et se replia précipitamment sur Sainte-Catherine, descendant par un chemin détourné praticable seulement aux chevriers et que lui indiqua un paysan.

Le petit plateau en avant de Sainte-Catherine n'était également défendu que par un faible détachement. 200 hommes l'ayant abordé à la baïonnette, cette garde avancée battit précipitamment en retraite. Le comte de Dillon accourut aussitôt avec un bataillon, reprit la position et poursuivit les Alliés jusqu'à mi-chemin de La Valette leur faisant quelques prisonniers

La perte de Faron fut vivement sentie par les généraux français. La cour elle-même s'en émut. De ce point, en effet, les Alliés pouvaient voir tout ce qui se passait dans les camps, dans la ville, dans le port et dans les rades !

L'armée austro-piémontaise commence le siége de Toulon.

Ce fut le 27 juillet 1707 que le duc Victor-Amédée, ayant attendu l'arrivée de toutes ses troupes, fit la reconnaissance de Toulon. Lui-même montant sur la montagne Faron, accompagné du prince Eugène, voulut voir la situation de la place. Les feux des batteries avancées, qui tirèrent pour la première fois, obligèrent les deux princes à se retirer *très-précipitamment* : trois de leurs officiers furent tués en déployant une carte devant eux. Que la situation de Toulon était différente de celle où ils avaient cru la trouver ! Un de leurs ingénieurs étant parvenu à se glisser dans la place, en décembre 1706, leur avait fait le rapport suivant :

« Le côté par où la ville doit-être attaquée, en venant de
« l'Italie, est sans défense, car ce sont de vieilles fortifica-
« tions. Les murailles ne sont pas terrassées partout ; le
« parapet est ruiné, les fossés sont à moitié comblés, il ne
« paraît pas de traces du chemin couvert ; les glacis sont
« au niveau et même en plusieurs endroits plus bas que la
« campagne ; partout, enfin, on voit le rempart de quelque
« côté qu'on le regarde. »

Après un tel rapport, *qui était conforme à l'exacte vérité*, faut-il s'étonner que les Alliés crussent n'avoir qu'à se présenter pour enlever Toulon d'emblée ? devaient-ils supposer l'effrayante activité que les Français déployèrent pour mettre en si peu de temps la ville en bon état de défense ?

Le prince Eugène, constatant l'état *actuel* de Toulon et de ses camps retranchés, proposa à son cousin de changer leur plan de campagne : renoncer à un siége long et dif-

ficile, et laissant un corps d'observation pour maintenir les
troupes des camps, de se porter très-rapidement à la rencontre des divisions de M. de Tessé et de les écraser en
détail ; — de revenir, ensuite, à Toulon et de le bombarder
par terre et par mer ; — de pousser à Marseille et de l'enlever, après l'avoir bombardé par mer. Le duc Victor-
Amédée lui montrant du doigt La Malgue et Sainte-
Catherine, accueillit très mal ce hardi projet et la mésintel-
ligence se mit entre le généralisme et le major-général.

Le reste de la journée du 27 et celle du 28 furent em-
ployées par les princes à passer des revues.

Esprit qui règne dans l'armée des Alliés.

Avant de continuer ce récit, il est essentiel de se rendre
compte de l'esprit qui régnait dans l'armée des Alliés, si
l'on veut expliquer plusieurs détails et l'ensemble de la
campagne.

Le duc Victor-Amédée et le prince Eugène, rivaux de
gloire, étaient jaloux l'un de l'autre. Celui-ci se plaignait
de n'avoir que sa voix dans les conseils, et celui-là redoutait que l'on pût croire que la réussite de la campagne ap-
partint aux inspirations et aux avis de son conseil. Les
seize princes des Etats d'Allemagne et d'Italie, et même
les principaux généraux qui commandaient les divisions,
quoique soumis et subordonnés au duc de Savoie, ne s'en
regardaient pas moins comme indépendants pour la discipline et le détail de leurs troupes. Quatre ministres des puissances alliées suivaient, en outre, l'armée et entraient
dans les Conseils. Tous avaient leurs instructions, ou os-
tensibles ou secrètes. En défiance les uns des autres, ils
cherchaient à gagner à leur gouvernement le duc et les
généraux.

On conçoit qu'avec de tels éléments de discorde dans les
chefs, les opérations n'eussent pas la vigueur et l'audace
qui convenaient si bien à la position de l'armée des Alliés.

Quant aux troupes, dès les premiers jours du siége, elles
tombèrent dans le découragement. Depuis leur départ
d'Italie, elles croyaient entrer à Toulon comme dans
une place ouverte, et maintenant, elles avaient devant elles

une ville formidable flanquée de trois camps retranchés,
Sainte-Anne, Missiessey et Saint-Antoine. On leur avait annoncé l'abondance de toutes choses, or la disette était dans
l'armée. Le vent du Nord-Ouest, en effet, s'était levé, et
avait empêché l'escadre de débarquer les provisions. Le
28 juillet, les troupes alliées n'avaient pour distribution
régulière qu'une poignée de farine, et la livre de pain se
vendait dans le camp 20 sols de cette époque. Dès lors, des
maladies se déclarèrent, et le nombre des déserteurs aug-
menta sans cesse. Il s'éleva jusqu'à 60 par jour dans les
premiers jours d'août. Ce fait contribua beaucoup à entretenir la confiance dans la place assiégée.

Attaque des abords de Toulon.

Dans les abords de Toulon, le plateau et les retranchements de Sainte-Catherine et la redoute d'Artigues étaient
les premières positions à s'emparer.

Le 29 au matin, les Alliés attaquèrent ces deux points.

Ils avaient élevé, pendant la nuit, une batterie de quatre
pièces de canons sur un petit plateau qui commandait le
fort près de la hauteur de Sainte-Catherine.

Le marquis de Broglie commandait à Artigues, et MM.
les comtes de Villars et de Tessé étaient à Sainte-Catherine avec un détachement de 1,200 hommes. Les ennemis
n'ayant commencé l'attaque qu'avec 3,000 hommes, forces
inférieures pour l'entreprise, ils furent tout aussitôt écon-
duits avec perte. Leurs efforts se succédèrent longtemps ;
le duc de Savoie fit même entrer en ligne le prince de Wurtemberg avec quatre mille hommes, mais sans le moindre
succès ; ils furent constamment foudroyés par les canons de
la place, de Sainte-Catherine et d'Artigues.

M. Le Guerchois était venu relever M. de Tessé comme
brigadier du jour, mais celui-ci resta avec tout son monde
pour le seconder, de sorte que le retranchement se trouva
garni de 3,000 hommes, qui, quoique à moitié découverts,
firent la meilleure contenance. M. de Goesbriant envoya,
enfin, 4 pièces de canon et 4 compagnies de grenadiers qui
décidèrent la retraite des Alliés.

Les assiégés tirèrent ce jour-là plus de 200 volées de coups de canons. L'affaire dura tout le jour et, un instant, le général Goesbriant craignit qu'elle ne devint générale.

Prise de la redoute d'Artigues.

Le 30 juillet, les comtes de Rhébunder et de Kœnigsegg abordèrent le plateau d'Artigues par les sentiers de la montagne avec une colonne de 400 hommes, tandis que le prince de Saxe-Gotha et le général Zinjungen l'attaquaient par la plaine avec 3,500 hommes. A la première décharge, deux compagnies de grenadiers du régiment de Sanzay se débandèrent et une terreur panique s'empara de l'aile gauche. En vain, M. de Polastron, brigadier du roi, qui y commandait en ce jour, voulut résister et rallier ses troupes, M. Le Guerchois qui était à la droite, au lieu de continuer le combat, fit sonner la retraite, obéissant, dit-il, aux instructions du marquis de Goesbriant qui avait prescrit de battre en retraite au cas où l'on serait percé en quelque endroit. Il abandonna le plateau après une courte mais vive résistance, laissant, cependant, un poste dans la chapelle Sainte-Catherine.

Le marquis de Goesbriant jugeant que M. Le Guerchois avait abandonné sa position aussi légèrement qu'il l'avait fait à la Croix-Faron, le réprimanda publiquement et lui infligea les arrêts. Le maréchal de Tessé les réduisit à deux jours et, plus tard, excusa M. Le Guerchois auprès du roi à la suite de sa brillante conduite à la bataille de Sainte-Catherine.

Pendant ce temps, d'autres corps alliés observaient Sainte-Catherine. Voyant la retraite de MM. de Polastron et Le Guerchois poursuivis hors de leurs retranchements, ils commencèrent aussitôt l'attaque contre Sainte-Catherine, espérant prendre la position de deux côtés. Mais l'artillerie française, servie avec une habileté et un zèle dignes de tous éloges, les empêcha de s'avancer et leur fit bientôt rebrousser chemin. Ils perdirent beaucoup de monde et ne purent se maintenir dans le poste d'Artigues, tout aussitôt abandonné qu'il avait été pris.

Le 31, les Alliés, mécontents de leurs pertes, tinrent conseil de guerre et furent dans une inaction complète. Les assiégés en profitèrent pour ressaisir les pièces que, la

veille, ils avaient laissées dans les retranchements
d'Artigues (2 avaient été enclouées et 4 abandonnées par
M. Le Guerchois), et pour mettre le feu à une forêt d'oliviers
qui dérobait le plateau au canon de la place. Le feu dura
48 heures consécutives et il empêcha l'attaque de Sainte-
Catherine jusqu'au 2 août.

Prise de Sainte-Catherine.

Le duc de Savoie tenait, avant tout, à s'emparer de Sainte-
Catherine pour être maître des abords de la place. Lui-
même dirigea la troisième attaque sur ce point. Le comte
de La Rocques, le marquis de Salles et le prince de Hesse-
Cassel l'attaquèrent en même temps par trois points différents avec des forces supérieures.

Les comtes Le Guerchois et de Villars, brigadiers du roi,
se défendirent avec un grand courage, mais accablés par
le nombre, ils durent, enfin, abandonner cette position importante. Ils se retirèrent en combattant avec calme et bon
ordre et ne furent pas poursuivis. Les Alliés eurent à subir
de grandes pertes dans le combat. Le prince de Hesse-Cassel y fut dangereusement blessé, et plusieurs officiers supérieurs allemands y furent tués.

Les Alliés veulent tourner le camp Sainte-Anne.

La possession d'Artigues et de Sainte Catherine était un
grand avantage pour les Alliés ; mais, pour faire un siége
dans les règles il leur fallait, encore, enlever le camp de
Sainte-Anne, à moins d'être constamment pris en flanc par
les Français dans toutes leurs attaques. L'idée d'attaquer ce
camp si bien retranché et de passer sous le canon de la
place effraya tellement le duc de Savoie qu'il résolut de le
tourner en s'avanturant derrière la montagne de Faron :
il l'attaquerait par la gorge Saint-Antoine en passant par Le
Revest et Dardennes. La résistance opiniâtre d'Artigues et
Sainte-Catherine à peine fortifiés, peut seule expliquer la
préférence que les Alliés donnèrent à ce projet, en présence des forces immenses dont ils pouvaient disposer. S'ils
réussissaient, ils avaient toute facilité d'investir entièrement
Toulon.

Quoiqu'il en soit, le duc de Savoie ne négligea rien pour s'assurer le succès et il confia le commandement de cette expédition au prince Eugène et au général Pferfferkon.

Mais le comte de Grignan, dans l'élévation des camps, avait prévu cette tentative ; aussi avait-il fait fortifier les derrières de Sainte-Anne avec autant de soin que le front. Le marquis de Goesbriant, averti par des déserteurs de la marche des ennemis et appréciant toute l'importance de leur mouvement, ne négligea aucun moyen de défense. Lui-même, le 31, au soir, il alla renfoncer avec 4 bataillons M. de Nizas qui, avec trois bataillons et quatre compagnies de fusiliers occupait les hauteurs de la rivière au-delà de Sainte-Antoine, faisant face aux ennemis et à Le Revest. Aussi, à peine les gardes avancées signalèrent-elles l'arrivée du prince, que les troupes françaises bordèrent les retranchements et parurent en bataille. Le prince voyant l'impossibilité d'emporter des lignes ainsi défendues ne tenta même pas l'attaque. Il se retira après l'échange de quelques coups de fusil, se contentant de rester maître des hauteurs de Le Revest, du château de Dardennes et de la poudrière où il établit des postes.

Les Alliés, ou plutôt les contingents d'Allemagne, se signalèrent par leur vandalisme. Plusieurs villages furent brûlés et détruits, la campagne pillée, les arbres sciés, les nombreux moulins du pays renversés et leurs eaux coupées. Le prince Eugène, oubliant, en cette circonstance, le droit de l'humanité, *si ce n'est le sang français qui coulait dans ses veines*, non seulement n'arrêta pas la rage dévastatrice de ses soldats, mais « *permit à ses gens d'user du droit de la « guerre.* »

Les Alliés commencent les travaux du siége.

Le duc Victor-Amédée jugeant le camp de Sainte-Anne inabordable changea tous ses projets pour la conduite du siége. Il fit quitter à ses troupes la plaine de Brunet et posa son camp vers les Darboussides. Il fortifia le plateau de Sainte-Catherine par des retranchements et une redoute, utilisant les ouvrages faits par les assiégés ; il établit des retranchements et des batteries sur la butte de La Malgue, et unit ces deux centres d'attaque par une ligne de communication; il pressa, enfin, le débarquement du matériel de siége.

Ces immenses travaux furent commencés vers le milieu de la nuit du 2 au 3 août ; 1,000 à 1,500 hommes y travaillèrent jour et nuit sans interruption jusqu'à la fin du siége.

Le matin du 3 août, ces travaux étaient à peine commencés que le général de Goesbriant faisait faire par M. Desvoyaux, lieutenant-colonel au régiment de Forez, une sortie vigoureuse contre la cassine de la chapelle de Sainte-Catherine ; il dispersa les travailleurs, les tua presque tous et renversa ce qui était fait, qui ne consistait, encore, qu'en épaulements et gabions. Les Alliés ayant continué leurs travaux pendant le jour et toute la nuit, au matin du 4, le général de Goesbriant vint encore les renverser.

C'est alors que le duc de Savoie se décida à ce qu'il aurait dû faire dès le premier jour, c'est à dire *élever une parallèle*; cette dérogation aux règles si précises de l'attaque des places est inexplicable ; aussi, les Alliés étaient-ils devant Toulon depuis neuf jours entiers et ils n'avaient pas encore fait un pas sérieux pour la reddition de la ville.

Ce fut dans la nuit du 5 août que le prince Eugène fit commencer cette parallèle. Douze mille hommes y travaillèrent, les armes à côté d'eux, soutenus par 4,000 en bataille. Elle joignait Sainte-Catherine au pont de l'Egoutier et se prolongeait autour de La Malgue jusqu'à la mer; cette ligne était parallèle au front des deux bastions de la porte Saint-Lazare et n'en était éloignée que de deux à trois cents toises. Quatre batteries de gros calibre défendaient cette ligne et tiraient constamment, trois sur la place et la petite rade, c'est-à-dire sur les batteries Saint-Lazare et sur les vaisseaux le *Saint-Philippe* et le *Tonnant*, la dernière batterie était dirigée sur le fort Saint-Louis.

En plusieurs endroits, les Alliés eurent un mal infini à élever ces fortifications, à cause de la nature du terrain qui est rocheux et pierreux. Les boulets de la place renversaient leurs travaux et les éclats de pierres tuaient et épouvantaient les travailleurs.

Cependant, les parapets s'élevèrent bientôt si haut que

la place se vit forcée de tirer à ricochet. Alors quatre nouvelles batteries s'élevèrent : une de sept pièces au bas du
plateau de Sainte-Catherine, une de huit mortiers au pont
de l'Egoutier, une de quatre (la batterie royale) et, enfin,
celle de La Malgue. Le duc de Savoie voulait, désormais,
prendre Toulon comme on prend un fort « *en le renversant*
« *et le détruisant jusqu'à capitulation.* » Le feu de ses batteries était dirigé plus sur les maisons que sur les remparts,
de là le grand nombre de maisons qui furent atteintes.
« *Le feu du Savoyard était un feu d'enfer.* »

Incendie de Le Revest.

Le prince Eugène fit brûler le bourg de Le Revest et nos
établissements de pyrotechnie de Dardennes. Voici quelques
détails sur ces deux hauts faits :

Le prince Eugène avait établi à Le Revest, à la demande
des habitants et moyennant contributions, un gros détachement allemand pour protéger ce bourg *contre les Alliés.*
M. de Goesbriant l'ayant appris, fit cerner le détachement
pendant la nuit, et pas un seul homme n'échappa. Ce fut le
5 août, en allant visiter les avant-postes, que le prince apprit lui-même cet audacieux enlèvement. Il envoya aussitôt un de ses aides-de-camp réclamer à M. de Goesbriant
qui répondit que le détachement n'était pas en règle avec *les
Français* et qu'il était de bonne prise. Le prince, furieux de
cette réponse, fit brûler Le Revest *en sa présence.*

Destruction des établissements de pyrotechnie.

Comme complément de l'agrandissement de Toulon et
pour affranchir notre marine du tribut qu'elle payait à
l'étranger, Colbert avait fondé un grand établissement de
pyrotechnie à Dardennes, c'est à dire « *à portée de la ville
et de l'arsenal, mais pour eux en dehors du danger.* » La
situation était admirablement choisie. Les bois des forêts
environnantes, les charbons de Morières, les salpêtres de
Chateaudouble fournissaient les matières premières, et la
source de la Four et le Las donnaient les forces motrices.
En 1707, la quantité de poudres, de bombes et d'artifices
de guerre qui était en dépôt était considérable. M. de
Vauvray, intendant de la Provence, en exécution d'une let-

tre du roi à M. de Tessé (19 juin 1707), répartit les approvisionnements entre Toulon, Marseille et toutes les places
de la côte. Lorsque l'armée des Alliés parut à La Valette,
prévoyant qu'une de ses premières entreprises serait, tournant le Faron, de venir visiter Dardennes, il avait fait transporter tout le matériel dans l'arsenal de Toulon et avait
donné des ordres et prit des dispositions pour que les bâtiments fussent détruits et qu'on noyât les poudres qui n'auraient pu être emportées. Cette destruction eut lieu quand le
prince Eugène parut devant Dardennes. Le prince étonné, et
très-mécontent d'avoir été prévenu, fit brûler et abattre tout
ce qui restait.

Depuis lors, les ateliers de pyrotechnie et les poudrières
ont été établis sur les plages de la petite rade proches de
Toulon. Il serait à souhaiter, pour la sécurité de l'arsenal et
celle de la ville, que ces établissements dangereux fussent
replacés où ils étaient en 1707.

Disons encore, ici, pour rendre un nouvel hommage au
génie créateur de Colbert, qu'il avait, aussi, fait établir des
étuves dans les forêts de l'Esterel et des magasins à goudron
à Saint-Tropez, à l'instar de ce qui se pratiquait en Nor-
wège.

Artillerie des Alliés.

Ici, plaçons quelques réflexions. Plus on approfondit
cette campagne et plus on y relève un laisser-aller de
la part des Alliés qui n'a son explication que dans la cer-
titude qu'ils avaient que la campagne de Provence serait
pour eux une promenade militaire. Le duc de Savoie pendant les premiers jours du siége n'avait dans son armée
que trois grosses pièces et quatre petites pièces de campagne. Toute sa nombreuse artillerie était sur les vaisseaux et le vent les ayant empêchés d'approcher de la côte
jusqu'au 30 juillet, l'armée fut, pendant tout cet espace de
temps, avec cet insignifiant matériel. Il semble pourtant,
qu'une marche aussi lente et aussi processionnelle que
celle qu'elle fit du Var à Toulon ne pouvait guère être em-
barrassée par une partie de son matériel d'artillerie. C'est à
ce manque de bouches à feu de campagne qu'il faut attri-

buer les pertes énormes que les Alliés subirent dans la prise des abords, foudroyés qu'ils étaient par les nombreuses batteries des camps et de la place.

Le bastion Saint-Bernard est le point attaqué.

Le 7 août, le duc de Savoie fit diriger tous les efforts sur le bastion Saint-Bernard. Le matin de ce jour, MM. de Saint-Pater et de Vève et M. de Lozière, sous-directeur des fortifications, ayant été reconnaître la position de l'ennemi annoncèrent ce projet à leur retour. Aussitôt tous les officiers de la garnison vinrent se présenter au général, et le supplièrent « de régler un tour spécial pour le service de ce « bastion, puisque là devait être, maintenant, *le poste d'hon-* « *neur.* »

Ce fut à partir de ce jour, également, que l'artillerie des Alliés commença ce feu incessant et terrible qui devait durer jusqu'à la fin du siége. Les batteries de la Magdeleine et de La Malgue tirèrent surtout sur le vaisseau *le Tonnant* et sur la redoute de la Ponche-Rimade, dont les feux rasants leur faisaient un mal sensible.

Les vaisseaux le Tonnant et le Saint-Philippe.

M. de Langeron avait ordonné à M. de Montgon, commandant du *Tonnant*, de faire entourer son bâtiment d'un bon revêtement. Cette heureuse disposition le préserva des dommages du feu des Alliés et lui permit de mitrailler impunément leurs batteries et leur parallèle.

Les services immenses que rendait le Tonnant firent que, le 9 août, M. de Langeron embossa le vaisseau le *Saint-Philippe* à côté de lui, et, de suite, il commença à faire tirer contre La Malgue.

Dès le lendemain, 10, le duc de Savoie voyant le peu d'effet de son artillerie sur ces forts flottants, ordonna de ne plus tirer sur eux et de concentrer tous les feux sur la place. Il faillit plusieurs fois être tué par les boulets de cette terrible batterie marine qu'il nomma la batterie *des deux Guillaumes.* Deux soldats et l'un de ses aides-de-camp furent tués à ses côtés en cet endroit, et M. le marquis de Salles, son ami et confident, fut emporté par un boulet en lui parlant.

Situation de Toulon.

Que dire des assiégés ? Que la confiance régnait chez les habitants comme chez les marins et les soldats, et qu'ils déployaient une activité incroyable ; que pendant qu'ils se défendaient avec tant de vigueur, de nombreux travailleurs augmentaient et perfectionnaient jour et nuit les fortifications, et leur donnaient un aspect si respectable qu'une attaque en règle n'était plus à craindre ; que des retranchements de brèches étaient déjà achevés dans les bastions de Saint-Bernard et des Minimes attaqués définitivement par les Alliés ; que toutes les maisons près des remparts avaient leurs toits abattus, et leurs étages étayés pour porter de l'artillerie ; que les couvents des Bernardines et des Minimes, ainsi disposés, servaient de cavaliers de tranché ; enfin, que tous les bastions étaient armés et approvisionnés, les chemins couverts achevés et fraisés, les fossés coupés et palissadés, enfin, que les camps retranchés étaient fortifiés par de nouveaux travaux.

Au commencement on manquait d'outils de terrassement ; mais M. de Langeron en faisait fabriquer, et on travaillait nuit et jour dans l'arsenal. Par les soins intelligents et actifs de M. de Vauvray Toulon était approvisionné de vivres pour six mois de siége : or, un blocus rigoureux était impossible.

Retranchements et camps.

Ce ne fut pas sans de graves discussions et même sans de grandes divisions entre les généraux de terre et de mer et entre les ingénieurs, que les camps et retranchements nécessaires à la défense de Toulon furent tracés et établis. « Il y eut donc des tiraillements et du temps perdu. » Chacun voulait voir prévaloir son opinion, n'ayant en vue que l'intérêt de la défense et non pas une vaine satisfaction d'amour-propre. Les uns voyaient la ville à défendre plus particulièrement et les autres l'arsenal ; les uns prévoyaient un siége et d'autres un blocus ; tous appréhendaient un double bombardement par terre et par mer.

A cette époque, la topographie des alentours de Toulon était insuffisamment connue et l'importance relative des points stratégiques de ses abords par rapport les uns aux autres (dans telle ou telle hypothèse) était contestée. Aussi, les uns (MM. de Grignan, de Chalmazel, de Lozières) voulaient que la défense fut établie par des retranchements et batteries à Sainte-Catherine et à La Malgue, et les autres (MM. de Langeron, de Saint-Pater, de Goesbriant) qu'elle le fût à Sainte-Anne et à Saint-Antoine, Sainte-Catherine étant seulement défendue et La Malgue abandonnée.

Le tracé du camp de Sainte-Anne donna lieu, surtout, à des avis contradictoires, et il fut définitivement arrêté sur la fausse donnée (*d'après le dire des paysans et des chasseurs*) que la montagne de Faron était impraticable du côté de Toulon et, par conséquent, que le camp appuyé à cette montagne était inabordable de ce côté. Or, nous venons de voir que M. Le Guerchois, dans sa retraite de la Croix-Faron, avait regagné le camp Sainte-Anne par lesdits sentiers réputés infranchissables. MM. de Goesbriant, de Dillon et de Lozières firent aussitôt une nouvelle reconnaissance des lieux et ils constatèrent trois sentiers très difficiles, mais praticables pour tomber sur le flanc du camp.

M. de Goesbriant prit immédiatement une nouvelle position plus en arrière et y fit travailler activement. C'était celle que MM. de Besons et de Grignan avaient indiquée au maréchal de Tessé lorsqu'ils avaient fait avec lui la reconnaissance du terrain. Cette position, à portée de fusil de la place, conservait une domination sur les troupes venant de la montagne et elle embrassait les hauteurs qui commandent de ce côté.

M. de Lozières jugeant, également, que le poste de Sainte-Catherine pouvait se soutenir, malgré la perte de la Croix-Faron et de la montagne Faron, fit achever les retranchements qu'il avait commencés. La conservation de ce poste éloignait les ennemis du bastion Saint-Lazare qui était leur véritable attaque.

Ce fut le 1er août que M. de Goesbriant fit porter, musique en tête, les drapeaux au camp de Sainte-Anne. Les retranchements n'étaient pas encore complètement achevés, mais ils étaient en état de bonne défense.

Ce fut le 10 août seulement que tous les travaux de défense de Toulon furent terminés.

Armement des rades de Toulon et de la presqu'île Sepet.

Toulon et ses ports sont situés à l'est, au fond d'une rade oblongue appelée Petite-Rade (5,500 sur 2,200 mètres environ); en face de Toulon se trouve La Seyne. Cette rade est fermée, à l'est, par la pointe de la Grosse-Tour, et, à l'ouest, par le cap de l'Eguilette et la pointe de Balaguier, (1,500 à 1,800 mètres environ). En avant, se trouve une autre rade, appelée Grande-Rade, également oblongue, et fermée, à l'est, par les caps Brun et Carqueirane et, à l'ouest, par la presqu'île Sepet, (2,800 à 4,250 mètres environ).

Dès la nouvelle de l'invasion, les forts et les batteries de ces pointes et caps avaient été armés.

Le 11 août, le commandeur d'Ailly, chef d'escadre, par ordre du maréchal de Tessé, alla occuper les batteries de la presqu'île Sepet avec 600 suisses et un bataillon. Il arma, aussi, les batteries de la plage et de l'oratoire Saint-Elme. Les boulets rouges que ne cessèrent de lancer ces batteries empêchèrent la flotte anglo-battave d'oser venir mouiller aux Vignettes.

Le 18 août, voyant la situation désespérée du fort Saint-Louis, MM de Saint-Pater et de Chalmazel avaient fait commencer (on pourrait mieux dire tailler dans le rocher) l'établissement d'une batterie des 12 pièces de 36 près de la Grosse-Tour pour croiser des feux avec l'Equillette et Balaguier.

Telle était la situation des belligérants devant Toulon quant, le 10 août 1707, le maréchal de Tessé arriva, enfin, au secours de la place avec les dernières troupes de l'armée de Dauphiné dont il avait pu disposer.

CHAPITRE IV.

BATAILLE DE SAINTE-CATHERINE.

Mouvements du maréchal de Tessé.

Nous avons mentionné l'arrivée au camp de Sainte-Anne de la division de M. de Sailly, le 20 juillet, et de celle de M. de Goesbriant les 23 et 25 juillet. Le maréchal de Tessé avait heureusement pourvu, de la sorte, au nécessaire, en attendant qu'il pût opérer son propre mouvement, qu'il ne voulait absolument baser que sur les véritables projets de l'ennemi.

M. de Tessé a été pour ses contemporains un grand diplomate plutôt qu'un grand général : il menait les opérations de la guerre comme une intrigue, et méthodiquement et sans entrain. Aussi, redoutait-il singulièrement de se trouver en présence du duc de Savoie et du prince Eugène, capitaines pleins d'initiative, d'activité et d'*imprévu*.

Aussitôt qu'il eût appris la direction que le duc de Savoie avait donnée à ses colonnes, il sortit de son expectative et il se mit en mesure d'agir avec d'autant plus d'activité et de vigueur qu'il avait temporisé davantage. Il ordonna à toutes ses troupes de marcher dans la direction de Toulon, afin de pouvoir opérer selon les circonstances.

Il ne laissait à M. de Chamarande que 17 bataillons, et à M. de Thouy que 8 bataillons et 3 escadrons, troupes strictement nécessaires pour garder les frontières du Dauphiné et de la Savoie.

Mais, alors, arrivent des ordres de la Cour et tout doit être changé... M. de Chamillart prescrivait de diviser l'armée en trois parties : une qui observerait et défendrait Toulon, et les deux autres qui occuperaient Pertuis et le camp de la plaine des Gémenos, afin de défendre la Durance et le Rhône.

Le maréchal obéit à regret à ces injonctions ineptes. Il donne les premiers ordres pour opérer le mouvement : c'est alors que MM. de Grignan et de Besons vinrent le supplier d'exécuter ce qu'il avait projeté lui-même, et de

vouloir bien reconnaître que la réunion de l'armée française, déjà si inférieure à celle des Alliés, pouvait seule
arrêter l'invasion en empêchant la prise de Toulon ; que
deux divisions ne pouvaient avoir la prétention de défendre
le camp Sainte-Anne contre une armée nombreuse et bien
appuyée par une flotte, et que, *dans Toulon, était le salut de
la Provence et celui de la France.*

Le vieux maréchal était bien convaincu, mais le peu de
fermeté de son caractère et ses derniers revers en Espagne
ne lui permettaient pas d'aller contre des ordres donnés
par le Roi. Cependant, vaincu par les instances de tous
ceux qui l'entouraient, par le souci de la perte de sa gloire,
par la conviction que tout autre mesure serait la perte de
Toulon, il contremanda les ordres donnés et reprit ses propres projets.

Le plan du maréchal fut le suivant, qui combinait, autant
que possible, ses propres idées avec les intructions de Versailles : Aller à Toulon avec le plus de forces possibles, afin
de secourir la place ou d'en recueillir la garnison au cas
d'insuccès; couvrir Marseille, défendu seulement par les
milices, les gardes-côtes et quelques compagnies de fusiliers ; rendre difficiles les subsistances des Alliés et les empêcher de lever des contributions ; enfin, garder les frontières de la Savoie et du Dauphiné, contre les corps d'observations et de réserve laissés en Italie par les Alliés.

Il partit, lui-même, pour inspecter les divers points sur
lesquels il avait de l'incertitude, et, le 6 août, il était à Toulon, constatant que le camp Sainte-Anne était achevé, pa-
lissadé et aussi susceptible de défense que la place elle-
même ; mais aussi, qu'il s'agissait de reprendre la Croix-
Faron et le plateau de Sainte Catherine, si malheureuse-
ment perdus dès le premier jour du siége : *c'était une bataille à livrer.* Le soir même, il quittait Toulon et rejoignait
ses troupes.

Le 8 août, le maréchal commença son propre mouvement en partant du camp d'Aubagne.

Le 9, il passa les défilés et vint camper au Bausset, où il
laissa deux régiments de dragons, pour se relier avec M. de
Médavi.

Le 10, son armée faisait face à Toulon et au camp de

Sainte-Anne, la droite au château de Missiessy, où il établit son quartier général, et la gauche vers Saint-Antoine.

Le comte de Grignan, avec le petit nombre de gentilshommes et de bourgeois de la province qui avaient pu répondre à la convocation du ban et de l'arrière-ban, occupait une partie du camp de Missiessy.

Le 11, M. de Tessé dirigea les équipages sur Ollioules pour y vivre du magasin de Saint-Marcel et de celui de Marseille.

Le 12, il envoya au Bausset un régiment de dragons pour renforcer cette importante position.

Le 10 août, M. de Médavi, de son côté, allait à Trets, laissant à Aubagne son artillerie de campagne et deux régiments de cavalerie à la disposition du maréchal de Tessé. Le poste d'Aubagne couvrait Marseille en attendant l'événement de Toulon.

Le 11, il était à Seillons, où il s'établissait. Il avait pour se couvrir des détachements à Saint-Maximin, à Barjols et à Tourves. Son camp était appuyé aux montagnes qui communiquent par Rians au pont de la Durance, jeté à Saint-Paul, et que M. de Besons fit descendre à Pertuis. Il était à même, par sa position, de recevoir des secours de l'intérieur, de protéger Aix, de resserrer les ennemis dans leurs subsistances et de donner la main aux entreprises des détachements du ban et de l'arrière-ban qui s'armaient de toutes parts. M. de Médavi avait avec lui 46 escadrons de cavalerie, trois régiments de dragons et dix bataillons.

Le 13 août, le prince Eugène détacha, contre M. de Médavi, un corps de 2,000 fantassins et 4,000 cavaliers. Les Alliés ayant reconnu qu'il était en force et prêt à les recevoir se contentèrent de l'observer et de se mettre, eux-mêmes, à l'abri de ses propres entreprises en dehors du défilé de Tourves et à Brignoles.

La bataille doit être livrée.

Dès le 10 août, le maréchal de Tessé, se rendant aux observations de MM. de Goesbriant et de Grignan, avait décidé qu'il livrerait bataille aux Alliés pour empêcher qu'ils ne fissent de Toulon un monceau de ruines : c'est-à-dire pour les refouler dans leurs positions, renverser leurs travaux et éteindre leurs feux.

Depuis ce jour, chaque nuit, le sixième des troupes du camp de Sainte-Anne allait donner l'alarme aux ennemis, afin de les fatiguer et de leur dérober le jour de la véritable attaque. Toutes ces escarmouches surpassèrent l'attente du maréchal et firent un mal infini à l'ennemi : « Les « officiers se disputaient, à l'envi, ces attaques de nuit qui « devinrent des parties de plaisir. »

Depuis l'arrivée du maréchal, la confiance était dans tous les esprits et chacun prédisait la prochaine défaite des Alliés. Les soldats français attendaient le combat avec impatience. Les troupes alliées, au contraire, se décourageaient chaque jour davantage par la lenteur du siége, les fatigues et les privations qu'elles enduraient.

Ce fut en conseil de guerre que le plan du combat fut discuté, ainsi que les raisons qui le rendaient indispensable.

Plan de combat.

Ce plan était ainsi conçu : *Chasser les ennemis de leur camp de Dardennes, forcer les retranchements de Sainte-Catherine et les détruire, faire une diversion sur La Malgue.*

Le maréchal destina à cette opération trente-cinq compagnies de grenadiers et trente-cinq bataillons. Les instructions données aux différents corps vont donner les détails.

Le comte de Barville, brigadier du roi, devait partir de la gorge Saint-Antoine avec six bataillons, trois escadrons, et un fort détachement de travailleurs, armés d'outils de terrassement, pour attaquer le château de Dardennes, occupé par cent fusiliers et 200 cavaliers.

Le comte de Dillon, lieutenant-général, devait passer par la montagne, avec huit bataillons et leurs grenadiers, pour enlever la redoute de Croix-Faron, défendue par 400 hommes. Le comte Le Guerchois, brigadier du roi, commanderait son avant-garde, composée de 14 compagnies de grenadiers et de six pièces de campagne, portées à dos de mulets.

Le comte de Dillon devait donner le signal de l'attaque aux autres corps, en lançant trois fusées dès qu'il serait maître de la Croix-Faron.

Le marquis de Goësbriant, lieutenant-général, commandant les troupes du camp de Sainte-Anne, devait former trois colonnes pour attaquer les retranchements d'Artigues, de Sainte-Catherine et de la chapelle Sainte-Catherine, défendus chacun par 400 hommes, et appuyés par des réserves campées les reliant aux camps des Alliés.

Chaque colonne devait se composer de neuf à dix bataillons et de deux cents travailleurs. Celle de droite serait commandée par MM. de Carraccioli et Des Touches; celle du centre, par le comte de Montsoreau et le marquis de Broglie, brigadiers du roi; et celle de gauche par le comte de Tessé, brigadier du roi.

Le comte de Cadrieu, brigadier du roi, devait, avec six compagnies de grenadiers, six de piqueurs et cent travailleurs, aller débarquer à la Grosse-Tour, et, tournant le passage de l'Egoutier, « aller, par les derrières, faire une « diversion sur les hauteurs de La Malgue et essayer même « d'enclouer le canon. »

Les troupes du camp de Missiessy, sous le commandement du maréchal de Tessé et du comte de Grignan, lieutenant-général, devaient former la seconde ligne et la réserve.

Enfin, toutes les troupes de la garnison et les milices bourgeoises, sous le commandement des marquis de Saint-Pater et de Chalmazel, devaient se tenir dans le chemin couvert et sur les remparts de la ville pour se prêter aux circonstances du combat.

Un espion et deux déserteurs avertirent les princes de Savoie que la véritable attaque serait pour la nuit ou pour le lendemain.

Le prince Eugène se hâta aussitôt d'exposer de sages et habiles dispositions, et il demanda que l'armée entière bivouaquât. Le duc de Savoie, piqué de se voir prévenu, ne fut pas de cet avis. Il ordonna, seulement, que *tous les postes fussent doublés*, et il prescrivit quelques mesures insignifiantes. C'est ainsi que la rivalité de ces deux princes devait faire triompher plus facilement les Français.

Le succès couronna toutes les dispositions du maréchal de Tessé, et tout se passa tel qu'il l'avait projeté.

Bataille de Sainte-Catherine.

Le comte de Barville partit le soir du 14 août, vers les
11 heures. Ayant partagé sa division avec M. de Nizas, il
voulut attaquer le château de Dardennes en l'enveloppant;
mais, à la pointe du jour, les deux avant-gardes de ses brigades s'étant rencontrées, sans se reconnaître, se firent
une mutuelle décharge qui, heureusement, par la préci-
pitation des hommes, ne tua qu'une douzaine de soldats.
Revenus de cette erreur déplorable, les deux colonnes
françaises se précipitent avec fureur sur les ennemis, qui,
surpris et effrayés de ces deux décharges, détalèrent presque sans combattre. On s'élança à leur poursuite dans les
jardins. Le colonel des cuirassiers, Pferfferkon, qui avait
une grande réputation dans les deux armées, ayant rallié
les fuyards et essayé un retour offensif, fut tué avec une
cinquantaine d'hommes. On prit une soixantaine de prisonniers, un grand butin de provisions de guerre et de
bouche, et une trentaine de chevaux.

La prise du château de Dardennes et des Poudrières nous
rendit la libre possession du canal des Moulins de Saint-
Antoine dont la majeure partie de l'eau vient à Toulon.

Le comte de Dillon partit avec le comte de Villars le 14,
vers 8 heures du soir. Un courageux bourgeois de Toulon,
M. Lérand, servait, lui-même, de guide à la division. Après
huit heures de marche par des sentiers réputés accessibles
seulement aux chevriers, les troupes arrivèrent heureusement en haut de la montagne. L'avant-garde surprend les
sentinelles et enlève un poste avancé. M. Le Guerchois, qui
brûlait de venger son échec, entraîne ses grenadiers à l'assaut de la redoute de Croix-Faron et y entre le premier.
Après une courte mais vive résistance, les Allemands l'a-
bandonnent en désordre et sont poursuivis l'épée dans les
reins. L'ardeur des soldats était telle que les officiers ne
purent les arrêter qu'à une portée de mousquet du village
de La Valette. Trois escadrons accourus au secours des
fuyards n'osèrent charger, contenus par les volées d'artillerie de M. Le Guerchois, et laissèrent les Français opérer
tranquillement leur retour sans les inquiéter.

La brillante conduite de M. Le Guerchois lui valut les félicitations publiques de M. de Goesbriant et le fit rentrer dans les bonnes grâces du Roi qui l'aimait particulièrement, parce qu'il avait servi avec distinction dans ses gardes.

Au signal de la Croix-Faron, impatiemment attendu, M. de Goesbriant fit marcher ses trois colonnes en bon ordre de bataille et à la sourdine. Celle du centre attaquerait de front le fort et les retranchements de Sainte-Chatherine, celle de gauche enlèverait le camp retranché d'Artignes qui protégeait les défenseurs de Sainte-Catherine, du côté de la montagne, et celle de droite enlèverait les retranchements de la chapelle de Sainte-Catherine qui les ralliait à la ligne du canal de l'Egoutier et à la parallèle de La Malgue. Le camp des Alliés, pour éviter le canon de la place, était fort mal placé entre deux ravines.

MM. de Carracioli et Des Touches emportèrent avec élan la position de la chapelle et s'y établirent. Ce fut M. du Cheilar, capitaine des grenadiers d'Esgrigny qui, quoique blessé, arriva le premier à l'assaut. Ce plateau voyait à revers le fond de la parallèle qui communique à La Malgue par le pont de l'Egoutier. M. Dumetz, colonel de Bassigny, s'y précipite. La brigade de la marine s'étant embusquée dans les retranchements ennemis fit, pendant tout le reste de l'engagement, une fusillade furieuse que les Alliés soutinrent bravement, quoique à découverts, jusqu'au moment où M. de Langeron, comme nous le dirons plus loin, fit tourner contre eux deux pièces de canon, aux armes de Savoie, prises en cet endroit, et quatre qu'il avait amenées avec lui, commandées par M. de Cours, capitaine de vaisseau. Ce fut l'artillerie qui, portée au point stratégique *secondaire*, assura la victoire en empêchant le retour offensif de toute l'armée ennemie.

La colonne de gauche, commandée par le comte de Tessé, s'éleva à travers les vignes, le bataillon du Forez appuyant le plus possible, du côté de la montagne Faron, et tomba à l'improviste sur quatre bataillons allemands (Hesse, Koenigsegg, Offen-Palatin, Saluces). « Ils furent « entièrement défaits et leur camp emporté, leurs bagages « et leurs tentes pris. Tout ce que les ennemis purent « faire, fut de sauver leurs drapeaux ; quelques officiers

« et soldats de ces bataillons furent obligés de se sauver en
« chemise. (*Tessé, lettre du 16 juin* 1707.) »

C'est en vain que le duc de Savoie expédia, de La Valette,
des renforts d'infanterie et de dragons. Les fuyards, vigoureusement poursuivis par le chevalier Du Vivier, lieutenant colonel de Tessé, et par M. Desvoyaux (ou Desjoyaux),
lieutenant-colonel du Forez, se précipitèrent au devant des
réserves et paralysèrent leur action. Parmi les prisonniers
étaient le baron de Brossicart, colonel en second du régiment de Monferrat, et le chevalier de Bastoral, capitaine
au même régiment.

Citons, ici, un de ces faits caractéristiques des soldats
français. Ils poursuivaient les Allemands dans les rochers
en chantant et en riant et, au lieu de tirer sur les officiers
et les soldats qui s'enfuyaient en chemise, ils s'exerçaient
seulement à leur lancer des pierres.

M. de Goesbriant, réglant son propre mouvement sur
ceux de ses colonnes de droite et de gauche, avait pris lui-
même le commandement de la colonne du centre où le
choc devait être plus rude. MM. de Montsoreau et de Broglie étaient en tête de leurs troupes. Les Alliés étaient sous
les armes et prêts à recevoir l'attaque. Leur résistance fut
énergique et terrible. Ils étaient défendus par leur parallèle et occupaient deux bastides d'où ils faisaient feu à bout
portant. Le prince de Saxe-Gotha et le colonel de Siébels-
dorf commandaient en cet endroit. Ils firent des prodiges
de valeur et de désespoir. Après plus d'une heure de lutte
et un engagement à l'arme blanche, le combat était encore
indécis, quand le colonel ayant été très-gravement blessé et
le prince tué, la résistance des Allemands se désorganisa
tout à coup.

En ce moment, les deux colonnes françaises de droite et
de gauche, qui n'avaient pas trouvé tant de résistance, pa-
raissent et pressent les Alliés en flanc. Le combat devient,
alors, une horrible boucherie et les ennemis éperdus fuient
en tout sens. Le général comte de Viamont est fait prisonnier.

M. de Cadrieu était parti du port à minuit. A la pointe
du jour, il gravit sans bruit la hauteur de La Malguc et at-

taqua avec intrépidité. L'alarme se répand chez les Alliés; elle fut si grande que les Piémontais, sans combattre, enlevèrent leurs pièces et s'enfuirent. Cette première panique étant passée, trois bataillons prussiens rentrèrent en ligne, et, opposant une calme résistance à la fougue de nos soldats, donnèrent au prince de Hesse le temps d'accourir avec trois régiments de dragons et de charger. Le prince fut gravement blessé, mais, en présence de forces si supérieures, M. de Cadrieu dût battre en retraite. Son courage et son habileté à profiter de toutes les difficultés de ce terrain montueux et embarrassé, l'intrépidité de ses troupes et le secours des canons du fort Saint-Louis, purent seuls arracher cette faible division à une défaite complète. Il perdit beaucoup de monde dans ce combat inégal, mais les pertes des Allemands furent considérables.

Nul doute que si ce général, au lieu d'avoir douze compagnies, avait eu plusieurs bataillons, nul doute, qu'il n'eût détruit les batteries des Alliés, et comme nous le montrerons tout à l'heure, *les hauteurs de La Malgue étant le point stratégique de la bataille et la clé de position des Alliés*, nul doute que leur occupation n'eût amenée la levée immédiate du siége, si ce n'est la défaite complète de l'armée ennemie.

L'attaque avait réussi sur tous les points de la ligne, puisque l'on ne demandait à M. de Cadrieu que de « réussir « à faire une grande diversion. »

Que faisaient le duc de Savoie et le prince Eugène pendant que leurs gardes étaient égorgées et leurs retranchements emportés et détruits? Le prince, piqué qu'on n'eût pas suivi ses avis, ne montait à cheval que quand il n'en était plus temps, et répondait qu'il attendait les ordres de son cousin le *généralissime*. Le duc, effrayé de l'aspect que prit tout à coup cette vaste ligne de bataille, sur laquelle les Français étaient vainqueurs sur tous les points, ne donna que des ordres insignifiants et tardifs. « Ou je me « trompe fort, ou voilà la revanche de Turin, s'écria-t-il. » Le gros des forces alliés fut d'une lenteur extrême à prendre les armes et à paraître en ligne. Aussi, quand les réserves arrivèrent, l'affaire était décidée. La bonne tenue de la garde renforcée du quartier général, et une charge de

cuirassiers empêchèrent nos soldats d'enclouer les pièces
de la grande batterie de l'Egoutier. Les généraux français
firent, alors, sonner la retraite.

Le maréchal de Tessé s'était successivement transporté
sur tous les points de l'attaque.

« La vivacité de vos troupes, écrivait-il au Roi
« (16 août), a été si grande à suivre les ennemis que
« j'ai été moi-même, avec M. de Besons et ceux qui me
« suivaient, emporté jusque dans les bas au-dessous de
« Sainte-Catherine, où j'ai eu beaucoup de peine à arrêter
« les drapeaux. »

C'est à cet instant de la bataille que le maréchal conçut
le hardi projet de profiter de ses avantages et de l'ardeur
des soldats pour donner une bataille générale. Déjà, il avait
ordonné de faire distribuer aux troupes de nouvelles munitions et il allait ordonner à MM. de Grignan et de Saint-
Pater de faire avancer la seconde ligne, quand, jetant les
yeux sur le champ de bataille, il abandonna ce projet.

Le prince Eugène avait prévu ce dessein : sortant de son
inaction il s'avançait fièrement dans la plaine avec une
nombreuse colonne éclairée et flanquée de régiments de
cavalerie. Un instant étonné, le maréchal ordonne à M. de
Saint-Pater de faire tirer la place. Aussitôt les canons des
remparts muets jusqu'alors, auxquels se joignent ceux du
Saint-Philippe et du Tonnant, commencent un feu formidable. Quoique couverte en partie par la parallèle, cette masse
d'hommes se met bientôt dans un affreux désordre, cavaliers et fantassins, impuissants contre cette mitraille meur-
trière, fuient en tout sens dans la plaine, mais les boulets
les atteignent partout. Enfin, il se réfugient, comme dans
un port de salut, derrière une grande bastide de l'Egoutier
entourée de murs d'appui et d'un massif. Si les feux de la
place et des vaisseaux ne peuvent plus les atteindre, ils sont
pris à revers par le plateau de Sainte-Catherine et par la
batterie de M. de Court. Une affreuses confusion se met
dans cette masse effrayée. Le prince de Wurtemberg est
tué. Le prince Eugène, deux fois renversé de cheval, se
sauve précipitamment dans le chemin creux de La Malgue ; ceux qui ne peuvent le suivre se jettent dans le lit

desséché de l'Egoutier. Le champ de bataille est jonché de blessés et de morts.

Telle fut la seconde partie de cette journée mémorable.

C'est alors que le maréchal de Tessé aurait dû reprendre son projet de faire marcher ses réserves et de donner une bataille générale. Mais il n'avait pas sous la main la cavalerie nécessaire pour profiter immédiatement de la confusion de l'armée alliée et achever sa déroute. Et puis, les ordres de la Cour paralysèrent son inspiration militaire et, aussi, le souvenir inopportun de ses revers à Gibraltar et à Barcelone.

A 11 h. 1/2, le feu avait cessé sur toute la ligne et à midi, nos troupes rentraient dans leurs camps « en chantant de joyeux refrains adaptés au duc des Marmottes. » Les retranchements de l'Artigues et de Sainte-Catherine étaient détruits et leurs fossés comblés avec les parapets et des cadavres : la parallèle était détruite et presque toutes les batteries étaient démontées ; plus de 2,500 hommes restaient sur le champ de bataille ; un prince souverain, deux généraux et un colonel étaient parmi les morts ; deux princes souverains et trois colonels étaient parmi les blessés. On fit un grand nombre de prisonniers, parmi lesquels étaient un général et deux colonels. De nombreuses ambulances attestent que la quantité des blessés fut considérable, mais on n'en sut jamais le nombre.

Les Alliés avouèrent seulement 1,500 hommes restés sur le champ de bataille, 300 blessés et des pertes très regrettables en officiers généraux et supérieurs. Les pertes des Français furent insignifiantes eu égard à celles des Alliés et aux résultats obtenus. Le premier rapport du maréchal de Tessé les porte à 40 soldats et officiers tués, mais ce nombre était doublé le lendemain : il n'est pas question des blessés qui doivent être évalués au double. Cette disproportion des pertes s'explique par le fait que les Alliés furent surpris dans leurs retranchements et que leurs réserves eurent à subir, pendant plusieurs heures, les désastreux effets de feux de mousqueterie et d'artillerie dans des conditions très-désavantageuses : « *Nos pièces de campagne placées sur les hauteurs les labouraient à souhait.* » (Lettre de M. de Tessé au roi, 16 août 1707).

Ainsi se passa la bataille de Sainte-Catherine qui aurait pu être décisive, c'est-à-dire procurer la levée immédiate du siége de Toulon et qui ne fut qu'*un grand demi-succès*

C'est que le maréchal de Tessé n'avait pas vu où était le point stratégique et que, lorsqu'il reconnut sa faute, il n'osa pas improviser un nouveau plan de combat en présence du prince Eugène, le général aux inspirations subites. Des hauteurs de La Malgue, il prenait à revers et en flanc les batteries et les retranchements des Alliés et il délivrait le fort Saint-Louis qui, seul, empêchait le bombardement de Toulon par mer. Oui ! M. de Tessé ne sentit que trop sa faute lorsqu'il voulut une affaire générale, mais le prince Eugène lui fit sentir qu'il était trop tard. Comment envoyer à temps des forces suffisantes à M. de Cadrieu pour empêcher que dans l'attaque de l'Egoutier et de La Malgue ses troupes ne fussent prises en flanc ? Dans le conseil, plusieurs généraux, M. de Grignan, notamment, avait signalé que La Malgue était le point stratégique et Sainte-Catherine le point secondaire, mais leur avis pouvait-il prévaloir en présence des généraux de mer qui voulaient la défense du côté de l'arsenal et des généraux de terre qui prétendaient avoir une connaissance exacte de la position et que l'attaque par la croupe de La Malgue était impraticable ?

Si nous mettons de côté la grosse faute de n'avoir pas su où était le gain d'une bataille générale, mais seulement celui d'un grand combat, le maréchal de Tessé conduisit ce combat à grande échelle comme une partie d'échecs et il gagna la victoire.

Lettre de M. de Tessé à Louis XIV.

Le 16 août au matin, M. de Tessé écrivait au roi : « Sire, « il n'y avait pas moyen de laisser tant de princes dans « notre voisinage sans leur donner signe de vie.....

« J'avais pour objet dans cette entreprise, qui a réussi « partout, de voir si en chassant les ennemis de la Croix- « Faron et du plateau de Sainte-Catherine l'on pourrait « s'y maintenir....

« Je ne crois pas que cette action heureuse et d'éclat
« maintienne parmi messieurs les Alliés l'union que l'on
« dit n'être pas déjà trop bien établie, et je prends la liberté
« de répéter à Votre Majesté que je n'ai eu de la peine
« qu'à retenir l'ardeur et la vivacité de nos troupes. Je
« n'oublie rien pour entretenir le concert entre la marine
« et la terre, et j'espère que nous sortirons tous de tout
« ceci assez contents les uns des autres. Il est certain qu'il
« y a eu beaucoup d'officiers des ennemis tués. »

« *Une action heureuse et d'éclat,* tel est le titre dont le
maréchal qualifiait *l'entreprise* qu'il a tentée, parce qu'il
*n'y avait pas moyen de laisser tant de princes dans notre
voisinage sans leur donner signe de vie. Il n'a eu d'autre
peine qu'à retenir l'ardeur et la vivacité de nos troupes !* »

Peut-on être héros plus modeste et courtisan plus soumis ?
Peut-on amoindrir davantage un grand succès, mieux s'excuser d'avoir combattu et peut-on davantage mettre de
côté sa propre personnalité ?

Quoiqu'il en soit, cette « *action heureuse,* » ce combat
acharné, ainsi que le qualifient plusieurs historiens (Théophile Lavallée, entr'autres), infligeait aux Alliés un échec
considérable et jetait le désarroi dans leurs desseins, les
forçait, quelques jours après, à lever le siège de Toulon ;
l'invasion était repoussée du sol de la patrie : honneur donc
au maréchal marquis de Tessé !

Le maréchal de Tessé.

Et, cependant, plusieurs dictionnaires français d'histoire et
de biographie ne mentionnent même pas le nom du maréchal
de Tessé ; entr'autre, celui de l'abbé Advocat (Didot 1755).
D'autres, qui lui consacrent quelques lignes, omettent à
son avoir la campagne de 1707, entr'autres, celui de M. N.
Bouillet, édition de 1863. Le dictionnaire de Michaud, le
plus grand ouvrage que nous ayons en ce genre, dit, seulement, dans son 41e volume : « Il eut le commandement
« de l'armée qui devait agir contre les Piémontais et les
« força de lever le siège de Toulon, 1707. » D'autres dictionnaires, enfin, mentionnent à peine, mais imparfaitement le siège de Toulon, en l'attribuant exclusivement aux

Piémontais; entr'autre celui de Ch. Dezobry et Th. Bacholet, édition de 1857.

Pourquoi ne parler que des *Piémontais* qui ne figuraient dans l'armée des Alliés que pour 13 à 15 mille hommes, et passer sous silence les *Allemands* qui représentaient 47 à 50 mille hommes? Pourquoi n'avoir pas donné son nom réel à cette armée coalisée ou *austro-piémontaise?*

Que de gloires nationales sont maltraitées, hélas! dans nos Annales, comme celle du maréchal de Tessé!

Comment s'étonner, après cela, que les autres généraux qui ont concouru à la défense de la Provence et de Toulon soient inconnus des bibliographes et même imparfaitement cités par les généalogistes de leurs maisons, nous voulons parler des *de Grignan, de Chalmazel* (1), *de Saint-Pater, de Langeron, de Besson, de Goesbriant, etc., etc.*

---

(1) **NOTE** pour mes collègues de la Société académique de la Loire.

La renommée de *Claude de Talaru, marquis de Chalmazel,* brigadier du roi, le brave commandant de Toulon pendant le siège de 1707, a été aussi maltraitée que celle de MM. de Tessé, de Grignan et des autres généraux qui concoururent à la campagne de Provence. Le nom de *Chalmazel étant forézien,* nous croyons devoir, ici, attirer l'attention sur le prénom de *Claude* et sur les dates de 1698, nomination au commandement de Toulon, et 1715, mort (voir page 17) que nous avons indiqués dans cette chronique. Nous différons, en effet, avec ce qu'on peut lire à cet égard, dans plusieurs bibliographes et généalogistes, *Lachenaye des Bois,* entr'autres.

« *Claude-Gabriel de Talaru,* capitaine au régiment des gardes,
« commanda sous Turenne (1674) pendant la campagne d'Allemagne;
« son fils, *François-Hubert de Talaru* (né en 1663), lieutenant-colonel
« du régiment de Picardie, commandant de Toulon (1692), épousa la
« sœur de Louis d'Ornaisson, comte de Chamarande, dont la mort
« porta cette terre dans la maison de Talaru; *Louis de Talaru,* son fils.
« marquis de Chalmazel. comte de Chamarande, né en 1682, maître
« d'hôtel de la reine (1715) gouverneur de Sarrebourg, etc., etc. »

La seigneurie de Chalmazel, avec château fort, était située sur la commune de Chalmazel, canton de Saint-Georges-en-Couzan (Loire).

Mathieu II de Talaru, épousa Béatrix de Chalmazel (1364) qui apporta la seigneurie de Chalmazel dans la maison de Talaru.

La maison de Talaru tirait son origine du château de Talaru, en Saint-Forgeux (Rhône); son dernier descendant est mort il y a quelques années.

Il appartient à nos collègues de la Société académique du Var de vérifier nos indications au moyen de l'inscription tombale du *défenseur de Toulon,* qu'on doit retrouver encore dans les vieilles archives: je l'ai lue en 1844.

CHAPITRE V.

BOMBARDEMENT DE TOULON.

Courte joie des Toulonnais.

Les troupes françaises étaient rentrées dans leurs camps : la joie était dans Toulon. Chacun croyait que le duc de Savoie allait lever le siége ; des bruits circulaient qu'il embarquait son matériel. La ville était plongée dans cette allégresse bruyante qui suit une longue souffrance. On se félicitait et on se réjouissait publiquement comme si l'ennemi s'était retiré. Mais, hélas ! cette espérance s'évanouit bientôt : Toulon rentra tout à coup dans une morne stupeur et une attente horrible.

Bombardement par terre.

Le soir même de la bataille de Sainte-Catherine, 15 août, à 5 heures 3[4, des bombes commencèrent à partir d'une batterie située à 20 mètres en deça de l'Egoutier ! Le feu dura toute la nuit et le lendemain matin six autres mortiers vomirent la destruction et la mort. Toutes les batteries des Alliés tonnèrent, en même temps, par des salves à toute volée. Ils avaient, en ce moment, cent vingt pièces de canons et un nombre considérable de mortiers. Plusieurs boulets rouges furent tirés. Les coups partis des batteries de La Malgue étaient les plus redoutables. Ils voulaient brûler et écraser Toulon qui avait renversé leurs projets ambitieux, honteux qu'ils étaient de n'être pas plus avancés que le premier jour de leur arrivée.

Ce que chacun redoutait depuis le commencement du siége, *le bombardement, était arrivé !* Toulon tomba dans l'effroi et l'abattement. Le maréchal de Tessé avait fait publier un ban ordonnant que toutes les personnes inutiles, et surtout les femmes, quittassent la ville ; mais peu d'habitants avaient obéi et il fallut les bombes pour en décider quelques uns à sortir. L'effroi, maladie contagieuse, se communiqua tout à coup si terrible que les ponts étaient encombrés de fuyards.

Dans un but d'humanité et pour faciliter la défense, la municipalité excita l'émigration, la sortie de la ville étant libre et facile. Cependant, il est établi que ceux qui la quittèrent furent particulièrement des paysans et des marchands des environs qui s'étaient réfugiés à Toulon poussés par l'invasion. On évalue à 60,000 âmes la population de la ville pendant le siége et à 10,000 celle qui en sortit pendant les bombardements.

C'est alors que brillèrent dans tout leur éclat l'activité, le zèle et le courage de MM. de Grignan et de Chalmazel, des trois consuls de la ville, MM. Flamenq, Ferrand et de Marin ; Mgr de Chalucet, évêque de Toulon, MM. de Langeron et de Vauvray se distinguèrent particulièrement en préservant l'arsenal.

La ville présentait un état pitoyable ; depuis le commencement du mois on avait dépavé les rues, appréhendant le bombardement, mais le 13 et le 14 août la pluie était tombée en abondance; or, les eaux et les immondices ne trouvant plus d'écoulement formaient partout des mares boueuses, rendues encore plus impraticables par les ruines et les décombres des maisons. Les communications étaient partout difficiles et dans beaucoup d'endroits impossibles.

Pour tenir les camps en alerte et fatiguer les troupes françaises, de temps à autre, des bombes lancées à toute volée tombaient à Sainte-Anne et à Missiessy.

Un grand nombre de maisons étaient écrasées. Le quartier des Minimes souffrit le plus. Dans le couvent des Minimes il tomba durant le siége plus de 40 bombes et 100 boulets !...

C'est en portant du secours partout où le besoin s'en faisait sentir, malgré tous les obstacles et les dangers, que les compagnies bourgeoises organisées *en escouades de bon secours*, sauvèrent Toulon d'une destruction infaillible. MM. de Saint-Pater et de Chalmazel, les trois consuls, les conseillers, les guidaient eux-mêmes. « Chacun mettait la « main à l'œuvre. » Le clergé s'était placé à la tête du service des ambulances. Les religieuses et les principales bourgeoises servaient et pansaient les blessés. Des escouades « d'*enleveurs* » établies depuis le commencement du siége, composées de moines, de pénitents noirs et de pénitents gris, parcouraient processionnellement nuit et jour les remparts et les camps pour enlever les morts et les blessés. Les conseillers municipaux étaient devenus des hommes de guerre ; ils étaient davantage sur les remparts et dans l'arsenal qu'à l'Hôtel-de-Ville. Plusieurs riches bourgeois avaient organisé des distributions gratuites de vivres pour les pauvres et pour les miliciens « qui, reve- « nant de la garde du rempart, n'auraient rien trouvé « chez eux prêt à manger. »

Cependant, le feu des remparts ne se ralentissait pas, et maintes fois le nombre des canonniers (soldats, marins ou habitants) fut trop grand pour le service des pièces. Mais ce feu désespéré ne pouvait parvenir à éteindre cette pluie incessante des projectiles des batteries des Alliés, malgré les pertes énormes qu'il leur fit éprouver.

Pourtant le 20 août, au matin, pour la première fois, les batteries des ennemies semblèrent endormies et ne se réveillèrent que pour lâcher quelques coups incertains. Bientôt on s'aperçut que les canonniers retiraient leurs pièces. Le feu de la place, plus nourri alors que jamais, ne leur permit pas d'exécuter ce projet et les força d'attendre à la nuit ; la batterie de La Malgue, seule, lançait encore quelques bombes dirigées plus particulièrement sur l'arsenal et quelques boulets rouges.

Pendant toute cette journée, le feu des Alliés semblait incertain ; leurs coups étaient rares et espacés. Le bombardement par terre était terminé.

Bombardement par mer.

L'espérance et la joie se répandirent, à nouveau, dans la ville : les malheureux embrassent si vite l'espoir de la fin de leurs maux ! Fausse espérance ! joie anticipée ! Le lendemain, 21 août, à onze heures du matin, *le bombardement par mer* succédait au bombardement par terre ! Six grosses galiotes, armées chacune de deux mortiers, foudroyaient la ville. Elles étaient parvenues, malgré le vent contraire, à s'embosser devant le fort Saint-Louis, *abritées par la pointe de la Grosse-Tour* contre le feu des batteries de la Grande-Rade et de la Petite-Rade.

Décrire ce que Toulon souffrit de maux dans cette demi-journée est impossible ! On se disputait à prix d'or les caves du quartier neuf, le moins exposé. Les blindes construites dans l'arsenal, par ordre de M. de Langeron, étouffaient ceux qui s'y pressaient.

Tous les mortiers des bastions de la place tirèrent à la fois sur les galiotes : aussi, malgré la difficulté du tir, plusieurs bombes les atteignirent. Vers 3 heures, le feu diminua d'intensité, deux galiotes seulement avaient pu continuer le combat ; mais, vers 9 heures du soir, ce feu redoubla, la flotte ayant mis en ligne de nouvelles galiotes. (Voir, ci-après, les mouvements de la flotte anglo-batave).

Deux vaisseaux, le *Sage* et le *Fortuné*, les seuls de haut-bord que M. de Langeron n'eût pas fait couler, furent incendiés par les bombes. Cinquante-trois navires avaient été coulés dans le port pour les mettre à l'abri du bombardement. Ils furent tous heureusement vidés et relevés après la levée du siége.

Les galiotes ennemies dirigeant, dès lors, tous leurs coups sur les flammes de l'incendie du port, presque toutes leurs bombes tombèrent heureusement pendant la nuit dans les deux darses, et *Toulon fut ainsi préservé d'une destruction complète.*

Chose remarquable, plusieurs petits bâtiments qui n'avaient pas été coulés furent abimés par les bombes, mais aucun ne prit feu.

Il est impossible de narrer le dévouement et le courage que les officiers et les marins déployèrent à l'envi pour prévenir, affaiblir ou détruire l'effet des projectiles et sauver l'Arsenal. M. de Langeron faillit deux fois être tué dans cette nuit terrible, et il ne fut sauvé que par ces hasards qui étonnent toujours, quoique nombreux à la guerre.

Le bombardement par mer, si redoutable à cause de l'élévation des bombes (les galiotes tiraient de 2,000 à 2,500 mètres de distance), trompa, encore, la fureur des Alliés. Le jour leur montra le peu d'effet de leurs coups. A 5 heures, ils cessèrent le feu, et, à 10 heures, au moment de le reprendre, ils fuyaient précipitamment devant les boulets partis tout-à-coup d'une batterie de la Grosse-Tour.

Batterie de la Grosse-Tour.

Dès le 12 août, le maréchal de Tessé, pour suppléer au fort Saint-Louis, dont la chûte était imminente, avait fait commencer une batterie et des retranchements sur la hauteur de la pointe de la Grosse-Tour, pour empêcher la flotte des Alliés de s'approcher assez près pour bombarder la ville.

Toute la nuit, pendant le bombardement, M. de Court de Bruyères, capitaine de vaisseau, y avait fait travailler et monter une batterie de douze pièces de 36. A 10 heures du matin, quoiqu'à peine achevée, cette batterie ouvrit le feu sur les galiotes et sur la flotte ennemie.

Le 23, les galiotes rejoignirent le reste de la flotte. Elles avaient rempli leur mission officielle de protéger la fuite de l'armée des Alliés, et leur mission réelle de la venger de son insuccès.

Le bombardement par mer était inutile pour assurer la retraite de l'armée des Alliés ; c'était donc une cruauté inutile : aussi le bon sens populaire l'a-t-il flétri tout aussitôt en disant des Anglais « qu'ils avaient donné, à Tou-« lon, le coup de pied de l'âne. »

Le marquis de Langeron.

C'est au marquis de Langeron qu'est dûe la conservation de l'Arsenal : tous les chroniqueurs sont d'accord sur ce point. Citons donc un fait peu connu, honorable pour cet officier général et trop rare dans l'armée : il avait dû renoncer au privilége de son ancienneté pour obtenir de venir combattre à Toulon. C'est par l'union des efforts de tous et par la discipline que les Français vainquirent en cette circonstance, la lettre, du 16 août, du maréchal de Tessé en témoigne. Mais citons encore une lettre de Louis XIV au maréchal, concernant M. de Langeron (19 juin 1707) : « Mon cousin, j'ai choisi Saint-Pater pour com-« mander dans Toulon, sous vos ordres ou ceux du comte « de Grignan. J'y ai envoyé Langeron. Je ne lui ai pas « donné de lettres de service de lieutenant-général, parce « qu'il aurait, par son ancienneté, commandé à tous les « lieutenants-généraux de nos armées de terre qui sont

« sous vos ordres. Il m'a bien promis que, sans aucun ca-
« ractère, il s'emploiera avec le même zèle et la même ac-
« tivité que s'il était responsable des événements. »

On a vu comment M. de Langeron tint sa patriotique
promesse.

Dommages subis par Toulon.

Le bombardement par mer avait excité plus d'indignation
que de terreur, mais il était temps qu'il cessât ! Les flammes
s'élevaient de tous côtés, dans la ville, dans le port et dans
l'Arsenal ! Soldats et marins, hommes, femmes et enfants,
faisaient partout la chaîne, malgré les bombes et les boulets,
« fraternisant à la vie et à la mort contre le duc des Marmottes. » Mais on *n'était plus maître du feu*. Deux cents
maisons étaient détruites ou endommagées par les boulets,
plus de six cents par les bombes, et cinquante avaient été
abattues ou rognées pour les besoins de la défense. Une
centaine d'habitants étaient ensevelis sous les décombres,
tués ou blessés, d'autres disent deux cents. Ce nombre eût
été plus considérable sans l'admirable dévouement des
compagnies de bon secours.

Aussi les consuls purent-ils écrire à la Cour, avec toute
vérité : « *Toulon, en qui réside uniquement le salut de la*
« *Provence, a souffert de si grandes pertes pour la défense*
« *commune !* »

Honneur au courage et au patriotisme des Toulonnais, qui
repoussèrent l'invasion en 1707, et qui firent échouer une
des plus grandes entreprises qui eut été dirigée contre la
France par l'Europe coalisée contre elle.

Nous reviendrons, dans le chapitre VI, sur les bombardements de Toulon appréciés au point de vue du *droit des
gens*.

CHAPITRE VI.

OPÉRATIONS DE LA FLOTTE ANGLO-BATAVE.

Réflexions sur les opérations de la flotte.

Nous allons exposer, maintenant, les opérations de la flotte Anglo-Batave, l'ordre de ce récit n'ayant pas permis de les développer dans la relation du siége de Toulon.

La première chose qu'on se demande, c'est à quoi servit aux Alliés cet immense flotte, épouvantail de la Méditerranée; cette flotte qui, secondant l'invasion par terre, devait réduire par mer tous les ports et toutes les côtes de la France? Elle servit à transporter le matériel d'un siége qui échoua, à rançonner quelques points de la côte et à bombarder inutilement Toulon pendant dix-huit heures.

A quoi aurait-elle pu servir? A faire ce qu'elle avait annoncé, car l'entreprise était facile en déployant davantage de courage, de talents et surtout d'activité.

Si la lenteur et le peu de tactique des opérations du duc de Savoie peuvent paraître extraordinaires, si cette espèce de paralysie de ses talents et de ceux de ses généraux, notamment du prince Eugène, a lieu de nous étonner, que dire, hélas! de cette flotte de deux cents voiles, comprenant trente-six vaisseaux de guerre, dix galiotes ou frégates à bombes et cinquante-sept bâtiments de charge ou brûlots?

Selon quelques chroniqueurs, quand la flotte arriva à Gênes, elle se composait, déjà, de quarante vaisseaux de guerre et de soixante bâtiments de transport et occupait depuis Finale jusqu'à la hauteur de Gênes.

Quand elle mouilla à Nice, le 9 juillet, on y comptait quarante-huit vaisseaux de guerre, un grand nombre de galiotes à bombes et de navires de transport et une grande quantité de petits bateaux rassemblés des différents ports d'Italie.

Des historiens ont avancé que, tout en coopérant au siége et au bombardement de Toulon, cette flotte avait empêché, par sa présence, la réunion des marines de France et d'Espagne pour secourir Naples? Ces auteurs oublient qu'*à cette époque* jamais ces deux puissances n'eurent l'intention de secourir leur Alliée autrement que par la diplomatie ; d'ailleurs, que leurs forces navales étaient nulles dans cette mer, et que le cabinet de Saint-James, qui avait eu, le premier, l'idée de l'invasion par la Provence, ne l'avait voulu que parce qu'il tenait, *à tout prix*, avoir en [sa puissance notre arsenal maritime dans la Méditerranée, et nous porter le dernier coup en occupant ce point important.

Mouvements de la flotte.

Dès l'apparition de la flotte anglo-batave dans les eaux françaises, un *service de signaux* avait été établi le long des côtes par des feux, des pavillons et des messagers. Il rendit de très-grands services et il pourvut à l'insuffisance de la défense des côtes. Il rassura les populations et entretint chez elles l'esprit de résistance.

Après avoir croisé sur les côtes d'Italie, les vaisseaux anglais et hollandais se réunirent dans la rivière de Gênes sous le commandement de l'amiral anglais Schowel. Quand le duc Victor de Savoie ébranla ses colonnes, le 10 juillet 1707, la flotte par ses galiotes, protégea efficacement le passage du Var. Deux frégates s'approchèrent de la côte jusqu'à portée de pistolet et canonnèrent cinq escadrons de cavalerie que M. de Sailly avait postés au-dessous de Saint-Laurens pour empêcher un débarquement.

Le 24 juillet, la flotte vint mouiller dans l'embouchure du Gapeau et commença des opérations sur les côtes de Provence.

Les Anglais aux îles d'Hyères.

Le 25, deux cents Anglais descendirent à terre et s'emparèrent de la petite ville d'Hyères qu'ils trouvèrent abandonnée. Ils la pillèrent. Enhardis par ce facile succès, ils voulurent faire une descente dans les îles de la côte ; mais, à Port-Cros, ils furent repoussés avec perte et forcés de se rembarquer précipitamment.

Honteux d'un tel revers essuyé sous les yeux de toute la flotte, quelques jours après ils attaquèrent et prirent Porquerolles avec les trois forts qui défendent l'île. Il faut mentionner, pour la vérité historique, que leur garnison ne se composait que de quelques paysans qui s'y étaient jetés se croyant en sûreté; ils ne se défendirent pas.

Satisfaits, désormais, de ces conquêtes qui retentirent à Londres comme des *triomphes éclatants,* les Anglais se reposèrent jusqu'à la fin du siége de Toulon.

Ce fut dans cette île, nouvelle Capoue, que les officiers alliés, et surtout les Anglais qui en étaient les possesseurs, se donnèrent le plaisir de la chasse et de la table. Ce ne fut que le 19 août qu'ils sortirent de leur inaction pour venir, après la prise du fort Saint-Louis, bombarder Toulon en toute sécurité, et puis, après, s'enfuir devant les boulets de la batterie à peine montée de la Grosse-Tour.

La flotte en grande rade de Toulon.

Le vent du nord-ouest contraria, dans les commencements, les opérations de la flotte en ce sens que, jusqu'au 30 juillet, il lui fut impossible de débarquer l'immense matériel de l'armée. Nul bâtiment n'osait se hasarder à sortir du mouillage d'Hyères, depuis que, le 27, deux chaloupes avaient été englouties avec leurs équipages en voulant aborder la côte.

Le 30 juillet, pour la première fois, la flotte entra dans la Grande-Rade de Toulon; mais, saluée tout aussitôt par quelques boulets rouges que lui envoya le fort Saint-Louis, et dont l'un atteignit le vaisseau amiral, et par les batteries du cap Cepet et de l'Aiguillette, elle regagna précipitamment le large. Elle fit, cependant, quelques évolutions et lança quelques volées de coups de canons tirés sur les forts Saint-Louis et Sainte-Marguerite, pour masquer sa retraite.

Ce que nous allons dire paraîtrait invraisemblable si les mémoires et les relations de l'époque n'étaient d'accord sur ce point. *L'amiral Schowel déclara formellement au duc de Savoie qu'il ne s'engagerait dans les rades de Toulon qu'après la redditon des forts de Sainte-Marguerite et de Saint-Louis.*

Comment concevoir une telle déclaration ? Comment qualifier une telle prudence ? L'amiral redoutait donc de trop exposer ses vaisseaux en leur faisant bombarder et canonner *deux petits forts* qu'une nombreuse artillerie écrasait par terre. Toulon était indubitablement pris si la flotte, agissant dès le 30 juillet, eût foudroyé, avec ses innombrables canons, ces faibles forts et les rares batteries de la côte.

L'amiral pour occuper sa flotte pendant le siége des forts la fit manœuvrer et lui fit faire de petites évolutions sur les côtes voisines.

Débarquement à Bandol.

Le 31 juillet, quelques chaloupes débarquèrent dans la calanque de Bandol. Les habitants effrayés avaient fui dans la campagne. Les Alliés prirent et saccagèrent le château, enclouèrent onze canons de fer et dix-huit de fonte qui s'y trouvaient, et ils pillèrent et brûlèrent toutes les fermes environnantes.

Le comte de Barville, brigadier du roi, accourut avec quatre compagnies. En un instant, il reprend le château, poursuit les Alliés et les force à se rembarquer précipitamment, abandonnant la plus grande partie de leur butin, et une centaine de morts et de blessés.

Débarquement à Saint-Nazaire. — Bombardement de la Ciotat, etc.

Le 1er août, dix bâtiments anglais s'avancèrent dans la rade du Bruscq. Ils firent une descente au village de Saint-Nazaire et ils brûlèrent quelques barques qui n'avaient pu s'échapper ; mais ils se rembarquèrent précipitamment à l'approche de quelques gardes-côtes et paysans et laissèrent quelques morts sur la plage.

Le 2 août, le vent ayant poussé quelques vaisseaux vers Saint-Sanary, ils pillèrent et brûlèrent ce village. Ils lancèrent, aussi, quelques boulets et bombes dans la Ciotat ; mais ils n'osèrent approcher, deux batteries ayant tout aussitôt répondu à leur feu.

Le 5 août, un brigantin français, suivi de quelques chaloupes armées, sortit de Toulon pour aller porter de l'eau et des provisions au château Sainte-Marguerite. A la hauteur du cap Brun, une trentaine de chaloupes ennemies attaquèrent. Malgré leur infériorité numérique, les marins français engagèrent le combat et forcèrent le passage après des prodiges de valeur. Un vaisseau anglais, s'étant avancé pour soutenir sa flotille à moitié détruite, fut entièrement démâté par le canon du fort et se retira avec peine.

Le 5 août, le nombre des canons débarqués à Hyères était de 130 et celui des mortiers de 17.

Le 7 août, les Alliés tentèrent un débarquement au cap Cepet, et se rembarquèrent n'ayant osé s'avancer dans la presqu'île.

Le 10 août, la flotte débarqua des mortiers dans l'anse de la Garonne, à l'est de Sainte-Marguerite, et à deux portées de canon du fort.

Le 11 août, une frégate anglaise se détacha de la flotte, qui mouillait au cap Cepet, afin de reconnaître le fort Saint-Louis qu'on disait tomber en ruines. Mais à peine fut-elle à petite portée du fort qu'elle reçut tout à coup deux boulets, dont l'un lui brisa un mât et l'autre l'atteignit en plein bois. Elle s'enfuit à la hâte sans même canonner le fort.

Le 12 août, le maréchal de Tessé envoya trois bataillons camper à la plage Saint-Elme pour porter des détachements aux endroits où les Alliés tenteraient d'aborder.

Le 12, la flotte Anglo-Batave débarqua un fort détachement à Saint-Nazaire pour faire de l'eau; mais les habitants s'armèrent et, soutenus de quelques gardes-côtes et marins, forcèrent les Alliés à se rembarquer après leur avoir tué quelques hommes et fait des prisonniers.

Le 16 août, le fort Sainte-Marguerite s'étant rendu, la flotte vint mouiller aux Illettes et au Port-Mejan.

Quelques vaisseaux ayant voulu s'élever un peu au vent et profiter de cette position pour mieux canonner le fort Saint-Louis, le feu de ce fort, à moitié détruit, les força de s'éloigner après quelques dommages.

Le 18, le fort Saint-Louis fut abandonné par ses défenseurs, mais le vent du nord-ouest empêcha la flotte de pouvoir profiter de la reddition.

Les galères françaises.

Le 19, les galères françaises envoyées de Marseille pour empêcher le bombardement par mer n'osèrent doubler l'île des Ambiers, craignant d'être attaquées à la hauteur du cap Cepet par la flotte alliée. Un seul bâtiment anglais croi-

sait devant la pointe des Jonquiers, dont on aurait eu facilement raison. Cette flotte, était en ce moment, dispersée et
mouillée, en grande partie, dans la rade d'Hyères. Les Anglais s'y occupaient de traiter avec les habitants pour leur
rendre leurs conquêtes ou plutôt pour les racheter, car ils
menaçaient de brûler les maisons et de scier les oliviers.

Ce peu de hardiesse de nos galiotes dans un moment
aussi décisif est impardonnable, car il eut pour résultat
le bombardement de Toulon par mer.

Défense de Marseille.

M. de Grignan, le comte de Vauvray, intendant de Provence, et le chevalier Arnoux, intendant des galères du roi,
se heurtèrent sans cesse contre des difficultés ouvertes et oc-
cultes pour envoyer des secours de Marseille sur Toulon.
La Cour et Marseille n'avaient pas compris que la défense
de cette ville était *en avant* et que Toulon était, *en la circonstance,* son boulevard. Dès le 6 juillet 1707, M. de For-
ville avait adressé à M. de Grignan un chaleureux mémoire
concluant à la défense directe de la ville et à l'envoi de
secours.

Marseille était, après Toulon, l'objectif des Anglais. Ces
deux villes renfermaient, en effet, la plus grande partie de la
marine de France : ici, celle de guerre et là, celle de com-
merce. Mais ils avaient compris que la chûte de Toulon
devait entraîner naturellement celle de Marseille ; aussi ne
tentèrent-ils rien contre cette dernière ville

M. de Tessé, importuné par les injonctions de la Cour,
non seulement ne tira pas de Marseille les ressources qui
auraient pu être si utiles à Toulon, mais fit tout ce qui
était en son pouvoir pour donner satisfaction aux plaintes
des officiers et magistrats de Marseille. Il y envoya un bataillon pour résister à un débarquement des troupes de la
flotte et prescrivit l'organisation des milices bourgeoises. Il
la couvrit du côté de l'armée des Alliés par le poste d'Aubagne; enfin, il occupa fortement les gorges d'Ollioulles et
le château d'Evenos qui les commande, pour maintenir
libres ses communications avec cette ville.

Bombardement de Toulon.

Le 21, à 11 heures du matin, six galiotes commencèrent le bombardement de Toulon. Tous les mortiers des remparts leur répondirent tout aussitôt ainsi qu'un mortier placé à la Grosse-Tour. Vers les 3 heures du soir, deux galiotes furent démontées, deux se retirèrent et deux seulement continuèrent le combat, puis gagnèrent le large. Mais ces deux galiotes revinrent pendant la nuit, renforcées par deux autres galiotes et par une grosse frégate hollandaise. Le bombardement recommença et le feu devint vraiment horrible.

La haine et la fureur de n'avoir pas réussi dans cette expédition guidaient les Anglais. Le bombardement était si vif que l'on pouvait compter jusqu'à 13 et 14 bombes en l'air. Heureusement pour Toulon que les bombes tombèrent pour la plupart, dans les darses, où, comme nous l'avons dit, le feu qui prit aux vaisseaux le *Sage* et le *Fortuné,* guida les bombes anglaises.

Le 22, à 10 heures, la batterie élevée à la Grosse-Tour, pendant la nuit, par M. Court de Bruyère, ayant pu tirer, les galiotes, abandonnèrent précipitamment le bombardement et prirent le large à la hâte, mais non sans de grandes difficultés. Les équipages étaient, en effet, harassés d'avoir servi les pièces pendant toute la nuit et trois galiotes qui avaient leurs principales manœuvres coupées par des boulets durent être remorquées au large. Abrités par la pointe de la Grosse-Tour, les Alliés avaient cru n'avoir à se livrer qu'à un tir à la cible sur Toulon et son arsenal.

Départ de la flotte.

La flotte, après avoir retiré péniblement ses galiotes, se tenait en face du fort Sainte-Marguerite, quand le 23, les canons que le maréchal des Tessé avait fait établir sur les hauteurs de La Malgue donnèrent tout à coup le signal du départ. Le vent était favorable. L'amiral Schowel rendit le salut de pavillon qui lui fut fait, et il appareilla pour les îles d'Hyères. Toulon était également délivré par mer.

Ce fut aux îles d'Hyères et à l'embouchure de la rivière d'Antibes que les Alliés achevèrent de rembarquer péniblement tout le matériel du siége qui avait pu être sauvé.

Le 2 septembre, les vaisseaux reprirent à bord les troupes à la solde de la Hollande qui étaient destinées à agir en Espagne. Le 3 septembre 1707, la flotte Anglo-Batave appareilla et, se dirigeant vers l'ouest, quitta définitivement les eaux françaises.

On sait que l'amiral Schowel périt à son retour en Angleterre, naufragé par un écueil des îles Sorlingues.

Bombardement.

Le bombardement est l'*ultima ratio* moderne de la force contre une ville qui ne veut pas se rendre. Suprême expression de ruine et de mort, son terrible emploi, *s'il est inutile*, devient donc un attentat au droit international. Trombe de flamme et de feu, la bombe, en effet, écrase tout : forts et palais, maisons et hôpitaux ! Frappe tout : soldats et citoyens, femmes et blessés ! Le droit des gens étant contesté et interprété au gré des passions et des intérêts des peuples, le devoir des historiens est de se faire les juges sévères de sa cruelle application. La force prime le droit, mais le droit juge la force.

Le bombardement de Toulon par terre est suffisamment justifié par les mœurs du temps et par la prétendue nécessité d'avoir servi à couvrir la retraite de l'armée austropiémontaise, car il n'avait pas pour objet la reddition de la place. Mais le bombardement infligé à cette ville par la flotte Anglo-Batave est inqualifiable, motivé, précisément, sur la même nécessité de couvrir la retraite de l'armée. Encore, si la flotte l'eut accompli de haute lutte sous son véritable motif de détruire notre arsenal méditerranéen, l'opinion publique l'eût accepté ; mais, exécuté sans danger, et comme dénoûment, elle l'a flétri comme un acte de déplorable vengeance nationale commis sur une vaillante cité qui avait conquis le droit au respect de ses ennemis. Le bons sens toulonnais l'a donc qualifié sévèrement, mais justement, comme nous l'avons déjà dit : « *Le coup de pied de l'âne.* »

Si les contemporains, au lieu d'accepter ce bombardement par mer comme un fait normal de la retraite de la flotte de l'amiral Schowel, l'eussent flétri comme il le méritait devant l'opinion de l'Europe, qui sait si, dans la nuit du

18 au 19 décembre 1793, l'amiral Hood eût osé abandonner Toulon en mettant clandestinement le feu à son arsenal, à ses vaisseaux, à ses poudrières... Sa conscience britannique se fût révoltée, *peut-être*, d'en agir comme un vulgaire incendiaire, qui, appelé en libérateur et en ami dans une maison par un de ses membres égarés, en part occultement LAISSANT DERRIÈRE LUI LA FLAMME POUR DERNIERS ADIEUX !

CHAPITRE VII.

SIÉGES DU CHATEAU DE SAINTE-MARGUERITE
ET DU FORT SAINT-LOUIS.

Les forts Sainte-Marguerite et Saint-Louis.

Le château de Sainte-Marguerite et le fort Saint-Louis
ayant été cause de l'inaction de la flotte des Alliés, et leur
reddition ayant entraîné le bombardement par mer de la
ville de Toulon, les épisodes de leurs siéges doivent donc
trouver place dans cette chronique. Ces détails, en effet,
sont à peine indiqués dans les chroniqueurs.

Le fort Saint-Louis défendait l'entrée de la Petite-Rade
et commandait la Grande-Rade. Le fort Sainte-Marguerite
défendait le mouillage des Ilettes et empêchait le débarquement du matériel de l'armée austro-piémontaise dans
Port-Mejan.

Ce fut dans la nuit du 3 au 4 août 1707 que le duc de
Savoie, ayant reçu la déclaration positive de l'amiral Schowel qu'il attendrait la prise de ces forts pour coopérer au
siége de Toulon, fit commencer de suite des batteries pour
les réduire. L'entreprise, du reste, semblait très-facile.
Elevés pour battre la mer, ces forts n'étaient nullement
fortifiés pour soutenir une attaque en règle du côté de la
terre.

Le fort Saint-Louis, par exemple, n'avait de ce côté que
deux pièces placées au donjon. Les Alliés élevèrent contre
lui une batterie de six pièces de gros calibres.

Sainte-Marguerite était de plain-pied du côté de la terre,
et les Alliés élevèrent pour le canonner une batterie de six
pièces et de quatre mortiers. Un petit bois, qui couvrait
celte batterie, ajoutait encore à sa force en la protégeant
contre le feu du fort.

Ces deux petits forts se défendirent vaillamment. Citons
les magnifiques réponses que leurs commandants firent
aux sommations des Alliés.

Le 9 août, un officier piémontais étant venu sommer le
fort Saint-Louis de se rendre, M. de Cavières dit à M. Daillon : « Mon commandant, il n'y a qu'une réponse à faire,
« c'est que nous avons encore de la poudre. »

M. de Grenonville, commandant du château de Sainte-Marguerite, fit, de son côté, cette réponse. « Tant que « j'aurai des munitions de guerre et de bouche, toute « sommation est inutile. Quand je n'en aurai plus, c'est-à- « dire, dans deux ou trois mois, je réfléchirai au parti que « j'aurais à prendre. »

Reddition du château de Sainte-Marguerite.

M. de Grenonville, capitaine de frégate, commandant le château de Sainte-Marguerite, avait 200 hommes de garnison, 7 canons et 2 mortiers, et, malgré sa longue défense, il eut pu tenir encore *un ou deux jours de plus*, temps bien précieux, vu les circonstances.

Les 13 et 14 août, les Alliés battirent le fort avec une grande vivacité et il était entièrement ouvert.

Le 16 août, M. de Grenonville, jugeant qu'il lui était impossible de soutenir un assaut et ses pièces étant démontées, rendit la place au duc Victor de Savoie, après 14 jours de siége et 12 jours de tranchée ouverte. Le duc lui rendit son épée et le félicita sur sa belle défense.

Quoiqu'il en soit de cet hommage de l'ennemi, M. de Grenonville, excellent homme de mer, ne parait pas avoir fait tout ce qu'un bon commandant de place eût pu faire en la circonstance. M. de Chalmazel et plusieurs généraux émirent de suite cette opinion, et les événements le démontrèrent. Vingt-quatre heures sont un laps de temps souvent impayables dans les opérations de la guerre et qui en changent subitement la face.

Nous nous abstiendrons de faire ressortir, ici, les conséquences qu'auraient eues la résistance plus prolongée de ce fort; les faits parlent assez haut quand on se rappelle que Sainte-Marguerite devint l'appui de l'aile gauche des Alliés, leur débarcadère général et le mouillage de leur flotte.

Siége et abandon du fort Saint-Louis.

Le fort Saint-Louis, infiniment plus faible que le fort Sainte-Marguerite, et battu de plus près par une batterie plongeante, fit une résistance autrement héroïque et méritoire.

M. Daillon de Rougegoutte, capitaine au Vexin, y commandait, ayant pour second le jeune lieutenant de frégate de Cavières de Saint-Philippe. La garnison du fort était de 38 hommes du régiment du Vexin, de 30 matelots canonniers et de 50 fusilliers. Dès le 8, le fort était criblé de boulets et le donjon ne tenait plus. Le 11, le donjon s'était écroulé, menaçant d'enfoncer les voûtes basses. Cependant, nul ne parlait encore de se rendre et la garnison recevait avec joie des artifices et des grenades, des faux et des piques pour repousser l'assaut. Chaque nuit avait été employée par la moitié de cette petite garnison à réparer les grandes brèches et à étayer les voûtes chancelantes du fort. *Constamment* les deux pièces de terre tirèrent sur la batterie alliée ; les officiers eux-mêmes les servaient et leur feu bien nourri et bien pointé étonna les Alliés.

Le 12, le conseil de guerre de Toulon déclara que ce ne serait qu'avec le plus grand courage que le fort Saint-Louis tiendrait encore deux jours au plus. C'est alors qu'on pressa, comme nous l'avons dit, M. Arnoux d'aller à Marseille hâter le retour des galères pour empêcher le bombardement par mer.

Dans la nuit du 12 au 13, le maréchal de Tessé désirant absolument que le fort put tenir jusqu'au moment où il livrerait bataille, envoya dans des chaloupes une compagnie de grenadiers pour défendre la brèche et soutenir l'assaut, avec ordre à M. Daillon de se retirer à la Grosse-Tour et de faire sauter le fort lorsqu'il ne pourrait plus se soutenir.

Le 12 au soir, la brèche était praticable ; pourtant les Alliés n'osèrent tenter un assaut.

Le 13 au matin, l'escadre presqu'entière avec ses galiotes parut à l'entrée de la rade de Toulon, mais un bâtiment s'étant approché pour reconnaître le fort et, ayant reçu quelques boulets rouges, il se retira sans riposter.

Le 15, le fort aida puissamment la retraite de M. de Cadrieu en cessant son feu sur la batterie de brèche pour tirer vivement sur les troupes qui le poursuivaient.

Le 17, plusieurs vaisseaux de la flotte ennemie profitant, comme nous l'avons vu, de la reddition du fort Sainte-Marguerite, s'avancèrent pour le canonner. Réunissant eur vigueur, les Français, épuisés de veilles et de fatigues, se précipitent aux pièces de la mer avec la frénésie d'hommes décidés à mourir à leurs postes. Ils ont encore la joie de voir les vaisseaux alliés cesser leur feu et fuire devant les quelques boulets d'un petit fort qui écrasait les défenseurs sous ses débris. Un seul vaisseau résolu devait accabler Saint-Louis en quelques bordées.

Dans la nuit du 17 au 18 août, les Alliés, cessant le feu, dirigèrent deux colonnes contre le fort qui n'était plus qu'un monceau de ruines. Voyant, alors, l'impossibilité de résister et de soutenir l'assaut, M. Daillon se décida à l'abandonner. Selon les instructions de M. de Tessé il encloua ses pièces et il mit, lui-même, le feu pour faire santer les restes du fort. Mais le saucisson ayant brûlé trop longtemps, les assiégés, qui entrèrent en même temps que les Français sortaient, parvinrent à l'éteindre. Leur occupation ne fut pas de longue durée, car une bombe, partie de la batterie de la Grosse-Tour, atteignit le fort, et, éclatant dans ses ruines, y ensevelit plus de 100 hommes des Alliés.

A leur retour à Toulon, MM. Daillon et de Cavières reçurent, à la tête de leur garnison, les félicitations publiques des généraux français. Ce digne hommage de leur belle défense était plus glorieux, assurément, et plus sincère, que celui donné par l'ennemi vainqueur à M. de Grenonville.

Redditions et capitulations.

Louis XIV, indigné et affligé des capitulations et des redditions accomplies dans les dernières campagnes, avait rappelé M. de Tessé à l'exécution sévère de sa circulaire du 6 avril 1705, et fait appel au patriotisme et à l'honneur. C'est pourquoi nous nous sommes autant étendu sur les incidents de MM. de Goesbriant, Daillon et de Grenonville. Si les conseils de guerre jugent les redditions et les capitulations, les chroniqueurs ne peuvent oublier qu'ils le font toujours sous la pression des événements et, quelquefois, sous celle des passions. Il appartient donc aux historiens d'en appeler ou de confirmer leurs jugements.

CHAPITRE VIII.

RETRAITE DE L'ARMÉE AUSTRO-PIÉMONTAISE.

Dispositions du maréchal de Tessé en vue de la retraite des Alliés.

Quoique le soir même de la bataille de Sainte-Catherine, le duc Victor de Savoie eût fait commencer le bombardement de Toulon, il était, dès lors, résolu de lever le siége. Les bruits répandus dans la ville n'étaient donc pas mensongers. Le 16 août, le maréchal de Tessé savait positivement, par des déserteurs, que les Alliés faisaient leurs préparatifs de départ et commençaient à rembarquer leur matériel.

Le feu « *furieux* » que leurs batteries faisaient sur la ville confirmait, d'ailleurs, cette supposition. Le maréchal envoya, lui-même, dans leur camp, deux faux déserteurs pour y répandre la nouvelle que les ducs de Bourgogne et de Berry se dirigeaient, à marches forcées, sur la Provence, avec les renforts que le duc de Bervick amenait d'Espagne. Dès le 4 août, en effet, une lettre du Roi lui en avait fait part.

Songeant, dès lors, à profiter des avantages de la retraite des Alliés, il envoya des ordres pour organiser la défense à Aix et à Draguignan, et pour inquiéter le flanc des Alliés au passage de l'Argens, et pour défendre les défilés de l'Esterelle.

Le 19, au matin, il fit partir, pour aller renforcer la division du général de Médavi, les dragons qu'il avait laissés au Bausset, ceux du vieux Languedoc et trois bataillons d'infanterie. Le 20, il ordonna aux équipages qui étaient à Arles, de se tenir prêts à rejoindre au premier appel. Le 22, dans la nuit, pendant le bombardement (il ignorait alors, que la retraite des Alliés commençait) il expédia à M. de Médavi les brigades d'Anjou, de Bourgogne et de Bretagne avec ordre de marcher de suite entre les rivières de Verdon et d'Argens; soit au total 13 bataillons, envoyés les 19, 20, 21 et 22 août.

Accusations contre M. de Tessé.

Ces faits, dont on trouve à peine la trace dans les chroniqueurs, et ceux que nous allons mentionner, lavent complètement le maréchal de Tessé de n'avoir pas pris ses dispositions pour poursuivre le duc de Savoie dans sa retraite et de lui avoir fait un *pont d'or*. Cette assertion erronée ayant été répétée par plusieurs historiens, il est nécessaire de préciser sur quoi elle est basée : *l'envoi des équipages à Arles et les paroles du chevalier de Folard.*

« M. de Tessé, dit M. de Folard, me fit l'honneur de
« me dire que les ordres de la Cour n'étaient pas toujours
« conformes aux intentions des généraux, et que le minis-
« tre, lui-même, ayant mandé de garder la défensive sans
« rien hasarder, la prudence ordonnait qu'il fit un *pont*
« *d'or* à la retraite des ennemis, quelqu'envie qu'il eût du
« contraire. » Là-dessus, plusieurs ont ajouté, en guise de commentaires, qu'il y avait, sous ces injonctions de la Cour, calculs de politique (chercher, en les ménageant, à arracher à la coalition les princes de Savoie) et calculs de famille (le duc de Savoie était l'époux d'une nièce chérie de Louis XIV et le beau-père de Philippe V).

Le maréchal ayant envoyé ses bagages à Arles, ne put poursuivre les Alliés que *trente-six heures après leur départ,* et, encore, le fit-il très-mollement ? Nous allons voir, par les itinéraires de marche, que M. de Tessé poursuivit *sans retard*, lui-même, les Alliés l'épée dans les reins, depuis La Valette jusqu'à Saint-Laurens.

Ces accusations portées contre M. de Tessé, diminuent la gloire de nos armes ; nous allons donner quelques détails. Les chroniqueurs, en effet, ont accusé, mais ont passé sous silence les détails de la retraite des Alliés.

Retraite de l'armée des Alliés.

La retraite du duc de Savoie fut rapide, mais sans désordre. Elle s'effectua sur cinq colonnes, par la même route qu'il avait prise pour venir. *Dix jours* après, il avait repassé le Var : il lui avait fallu *seize jours* pour se rendre sous les murs de Toulon. Jamais les princes de Savoie ne déployèrent autant d'activité et de science de la guerre.

Leur honneur, du reste, et le salut de leur armée étaient en jeu.

Au lieu des bandes de milices et de paysans, il eut fallu une armée ou tout au moins une forte division à Draguignan pour pouvoir les arrêter au passage de l'Argens et dans les défilés de l'Esterelle. Les gros bataillons ont souvent raison : ils sont les oiseaux qui traversent les toiles où les moucherons restent pris.

Le 22 août 1707, à une heure du matin, l'armée austro-piémontaise commença son mouvement de retraite. Lo prince Eugène était à l'avant-garde et le duc de Savoie commandait l'arrière-garde.

Le 22 au soir, l'armée était campée à Solliès-Pont. L'avant-garde française, s'étant avancée jusqu'à Solliès-Farlède, les avant-postes des deux armées échangèrent, pendant la nuit, quelques coups de fusils à Solliès-Ville.

Le 23, les Alliés étaient campés, savoir : la droite à Cuers, le centre à Puget-Ville et la gauche à Pignans.

Le 24, la division de cavalerie, qui avait été envoyée à Brignoles contre M. de Médavi, rejoignit à Le Luc le gros de l'armée.

Le 24, les Alliés étaient aux Arcs sur l'Argens et le 25, à la pointe du jour, ils se dirigeaient sur Fréjus.

Nous dirons la suite de leur itinéraire en même temps que celui des troupes françaises.

Rencontre à La Crau.

Le 22 août, le camp des Alliés était muet et sans vie. Les batteries avaient cessé leurs feux, les galiotes seules continuaient le leur, auquel répondaient les mortiers des remparts. A une heure, avons-nous dit, la retraite avait commencé, et, à la pointe du jour, le duc de Savoie, *fermant la marche*, sortait de La Valette.

A 6 heures du matin, le maréchal de Tessé entrait à La Valette. Le village était encombré de charrettes brisées, de caissons démontés, de meubles et d'objets abandonnés ; les maisons avaient été converties en ambulances, où de nombreux blessés étaient abandonnés ; partout on rencontrait des morts à peine recouverts d'un vêtement ou d'une toile. Le maréchal traversa rapidement le village et s'avança à la reconnaissance de l'ennemi : « Messieurs, dit-il en se retournant tout-à-coup vers ses officiers, *voilà ma revanche de Barcelone* ! » Noble et légitime orgueil.

Le duc de Savoie, laissant à son infanterie la grande route de La Valette aux Solliès, dirigeait sa cavalerie sur La Crau. Tout-à-coup, il l'arrêta et la mit en ordre de bataille prête à charger : il avait soixante escadrons de dragons. Le maréchal n'avait avec lui que cinq escadrons, six compagnies de grenadiers et une de fusiliers. Cependant, il poussa hardiment sa cavalerie sur la route d'Hyères pour tourner La Crau, l'infanterie accéléra sa marche sur la route de Solliès-Ferlède, et il fit commencer le feu par les fusiliers, bien que l'ennemi fût hors de portée, afin d'accélérer la marche des renforts que M. de Goesbriant lui expédiait. Le duc de Savoie reprit, alors, son mouvement de retraite, et bientôt, des hauteurs de Farascas, le maréchal le vit, avec ses cavaliers, disparaître à l'horizon.

Le maréchal, traversant les emplacements des camps des Alliés, piqua droit sur La Malgue pour aller observer les galiotes ennemies. Partout, sur son passage, des morts sans sépulture et des cadavres répandant une odeur infecte, des armes et des objets abandonnés. Les galiotes cessèrent leur feu vers 10 heures, comme nous venons de le dire.

La batterie de La Malgue avait tiré jusqu'au dernier moment. Aussi, les artilleurs, n'ayant pu enlever leurs pièces, les avaient mises hors d'état de servir, les unes étaient crevées et les autres enclouées. Le maréchal fit aussitôt établir une batterie sur ce point, dirigée du côté de la mer, afin de commencer le feu sur la flotte.

Mouvements de M. de Médavi.

La jonction rapide de M. de Médavi avec le maréchal de Tessé étant le fait capital de la marche sur le Var, il est important d'en dire quelques mots.

Le camp de Seillons était admirablement choisi au point de vue de la défensive ; mais, en passant à l'offensive, les avantages passaient du côté des Alliés. Leur retraite, en effet, s'opérait en ligne directe et par la grande route d'Italie. La marche de M. de Médavi, au contraire, était brisée par des obstacles naturels (forêts et montagnes) et avait lieu par des chemins secondaires. Il eut fallu une armée ou tout au moins une forte division à Draguignan pour pouvoir défendre la rive gauche de l'Argens et les défilés et les bois de l'Esterelle.

Le 20 août, M. de Médavi levait le camp de Seillons et allait à Barjols où il traversa la rivière. Il poussa jusqu'à Carce un détachement de 500 chevaux commandé par M. de Courtade.

Le 25, il s'arrêta à Carce pour y laisser reposer ses troupes, mais il expédia M. de Vérac avec 600 chevaux pour s'emparer du pont de Tournon sur la Siagne.

Le 26, il était rejoint par ses équipages et le reste de sa division, et, lui-même, le 27, il rejoignait le maréchal de Tessé à Lorgues.

Poursuite des Alliés.

Le plan du maréchal de Tessé était de poursuivre l'armée austro-piémontaise étape par étape et d'attaquer vigoureusement chaque fois que l'occasion favorable s'en présenterait, aussitôt qu'il aurait été rejoint par les troupes de MM. de Médavi et de Goesbriant. Il comptait, de plus, combiner ses attaques avec les mouvements des milices. La rapidité de la retraite des Alliés ne lui permit pas de livrer bataille; il put, seulement, les harceler et enlever les traînards et se garantir, lui-même, contre tout retour offensif.

Le 23 août, M. de Tessé se mit en marche à la poursuite des Alliés. Il avait avec lui 40 compagnies de grenadiers, 1,000 hommes d'infanterie et 2 régiments de dragons. Il laissait M. de Goesbriant à Toulon avec 40 bataillons qui devaient marcher aussitôt que leurs équipages seraient revenus d'Arles. Il ne devait rester à Toulon que 2 bataillons et le bataillon de la marine.

Le 23, M. de Tessé s'avança jusqu'à Cuers avec sa cavalerie et laissa son infanterie à Solliès-Pont. Le 24, l'infanterie était rendue à Cuers et les dragons avaient poussé jusqu'à Pignans. Le 25, M. de Tessé campa à Besse. Il avait été rejoint par 6 bataillons de M. de Goesbriant. M. de Médavi était à Carce. M. de Caylus à Le Luc, avec les dragons, et M. de Courtade avait poussé jusqu'à Les Arcs.

Les Alliés venaient de quitter ce village. Le gros de leur armée se dirigeait sur Fréjus. Le duc de Savoie se maintenait à Le Muy, avec sa cavalerie, prêt à soutenir la retraite et à empêcher le passage de l'Argens.

Le 25, M. de Montgeorges, malgré un corps de 4 à 5,000 hommes de réserve que les Alliés avaient fait venir du comté de Nice, entrait à Antibes avec un régiment de dragons.

Le 26, M. de Tessé était à Cabasse : il porta MM. de Caylus et de Courtade à Le Muy avec 1,500 chevaux. Ils étaient à portée de fusil de l'arrière-garde des Alliés et firent beaucoup de prisonniers.

Le 26 août, un corps de 1500 cavaliers allemands se présenta devant Draguignan pour requérir 50,000 rations de pain qui avaient été commandées par le prince Eugène. M. de Miane, qui s'y trouvait avec 600 miliciens et un piquet de dragons, fit si bonne contenance, que les ennemis battirent en retraite, après avoir échangé seulement quelques coups de fusils. Draguignan fut sauvé.

Le 27, M. de Tessé fut rejoint, à Lorgues, par M. de Médavi. Le maréchal avait, alors, sous la main 24 bataillons, 34 compagnies de grenadiers, 800 fusilliers et 4,000 chevaux.

Le 28, il était à Draguignan. Il envoya M. de Sailly rejoindre M. de Vérac avec 2 régiments de dragons pour marcher rapidement sur Grasse. Ils y arrivèrent assez à temps pour fermer cette ville à une division de cavalerie ennemie qui venait la réquisitionner, lui tuer une centaine d'hommes et faire deux cents prisonniers. Grasse fut, également, sauvé.

Le 28, M. de Tessé fut rejoint par le reste des troupes de M. de Goesbriant. Laissant l'armée à Draguignan aux ordres de M. de Médavi, il prit, lui-même, la route de Grasse avec 58 compagnies de grenadiers, un régiment de dragons, et il rejoignit M. de Sailly.

Le 28, les Alliés, qui avaient quitté Cannes, campèrent le 29 à Biot, à l'embouchure du Loup, en se couvrant par cette rivière. Sur le chemin d'Antibes, à un endroit où le chemin est côtier, M. de la Motte-Guérin, qui commandait les iles Sainte-Marguerite, avait envoyé des embarcations avec des canons et des troupes de débarquement. Il canonna les Alliés à leur passage et, lorsque l'arrière-garde eut passé ce traquenard, il débarqua et fit prisonnier un grand nombre de traînards et de déserteurs. Pourquoi M. de la Motte-Guérin n'a-t-il pas eu des forces plus considérables ?

Le 30, M. de Tessé fut rejoint à Grasse par les grenadiers qu'il avait laissés à Fayence.

Le 30, il ordonna à M. de Dillon d'occuper Calian et Montauroux, sur la Siagne pour être à portée, selon les circonstances, de le rejoindre du côté du bas Var ou de gagner Colmars et Barcelonnette.

Rencontre à Cagnes et passage du Var.

Le 31 août, à la pointe du jour, M. de Tessé espérait, enfin, pouvoir livrer combat aux Alliés. Leur avant-garde avait déjà passé le Var, mais le gros de l'armée était resté sur la rive droite. Le maréchal avait avec lui ses grenadiers et 3 régiments de dragons et il venait, de plus, d'être rejoint par M. de Caylus, qui était accouru avec 2 régiments de dragons et 500 hommes tirés de la garnison d'Antibes : il avait sa gauche à Cagnes et sa droite à Villeneuve.

Le duc de Savoie mit en bataille 40 escadrons de dragons, prêts à charger par échelons et, à la faveur de cette disposition, il fit rapidement filer son infanterie sur Saint-Laurens, puis il battit lui-même *précipitamment* en retraite, par échelon en bon ordre, mais poursuivi durant une lieue par les dragons français à portée de pistolet. Plusieurs officiers et cavaliers furent faits prisonniers.

Le 1ᵉʳ août, à la pointe du jour, le maréchal de Tessé entrait à Saint-Laurens. Le prince Eugène et le duc de Savoie avaient repassé le Var à minuit et, en ce moment, ils brûlaient le pont qu'ils avaient fait construire. L'armée austro-piémontaise était rangée en bataille sur la rive gauche, prête à disputer le passage. La flotte anglo-batave était mouillée par le travers de l'embouchure de la rivière, et ses embarcations étaient disposées pour opérer une descente.

M. de Tessé ne pouvait avoir la prétention de poursuivre les Alliés au-delà du Var. Il n'avait pas assez de troupes, son artillerie était restée au Luc et il manquait complètement de subsistances.

Le Var étant pour lui une barrière infranchissable, il se préoccupa immédiatement de pourvoir à la sûreté du Dauphiné et de la Savoie, prévoyant que, pour venger leur

défaite, les princes de Savoie, négligeant les villes de la côte (Monaco, Villefranche, Montalban), porteraient rapidement le théâtre de la guerre dans les Alpes, afin de profiter du secours des troupes fraîches qu'ils avaient laissées en Piémont. Il retourna donc en toute vitesse à Draguignan pour organiser la suite des opérations de la campagne.

Combat de l'Esterel.

Le 27 août, 6 à 7,000 hommes des milices et des paysans conduits par leurs seigneurs et leurs curés s'étant embusqués dans les bois et défilés de l'Esterel, tentèrent bravement d'arrêter l'armée austro-piémontaise dans sa retraite « Le torrent d'hommes, guidé par le cruel prince Eugène » passa, mais en laissant sur le champ de bataille 5 à 600 morts, et abandonnant plus de 100 prisonniers et de nombreux blessés.

Tel est le résumé de ce que nous avons pu recueillir de *précis* sur cette glorieuse journée du 27 août 1707, qui eut pu rappeler le désastre célèbre de Charles-Quint au même endroit, si M. de Tessé avait eu à sa disposition un corps de secours opérant dans le nord sur le flanc des Alliés pour soutenir le patriotisme provençal.

Il appartient à nos collègues de la société académique de Var de rechercher les détails de ce mémorable combat. Nos notes sont incomplètes à cet égard et nous n'avons pas, en ce moment, les moyens de faire de nouvelles recherches ; nous le regrettons vivement, car l'histoire *vraie* des hauts faits de guerre *contre l'étranger* accomplis par les milices civiles est le plus haut enseignement du patriotisme.

Ravages commis par les Alliés.

Cette levée en masse des provençaux répondait aux pillages et aux incendies que les Alliés avaient commis dans leur marche en avant ; les pillages et les incendies que commirent, encore, les Alliés dans leur marche en retraite répondirent, à leur tour, à cette levée des citoyens. Aussi, tout le pays du Var à Toulon, sur le parcours de l'armée austro-piémontaise, fût-il ruiné, pillé et brûlé...

Oui ! Toutes les villes furent rançonnées et réquisitionnées
à *merci*; tous les villages furent dévastés, toutes les églises furent pillées, et furent brûlés plusieurs villes et bourgs,
entr'autres Pignans, Le Luc, Vidanban, Le Muy, La Motte,
Roquebrune ; les villages qui furent brûlés sont en trop
grand nombre pour les citer, nous n'avons mentionné
que Saint-Laurens et Le Revest à cause des faits parti-
culiers qui s'y passèrent. L'invasion de 1707 est un des
plus grand fléaux que subit la Provence.

Résultats de la campagne pour les Alliés.

Outre les frais immenses de l'expédition e la perte ou la
détérioration de leur matériel, les Alliés perdirent en Provence (invasion, siége et retraite) de quinze à dix-huit
mille hommes au moins !

Jamais l'habileté du duc de Savoie et le génie du prince
Eugène ne se manifestèrent plus haut que dans leur
retraite. Avec des généraux ordinaires ou soumis à des
préoccupations politiques et à des instructions quelconques,
quelques débris seulement de cette brillante armée eussent
revu l'Italie, peut-être eût-elle été toute entière faite
prisonnière de guerre.

Le maréchal de Tessé en arrière, le général de Médavy
sur son flanc gauche, les villes de la côte qui la séparaient
de la flotte, les paysans provençaux enrôlés en partisans,
un pays dévasté à parcourir, les défilés de l'Estérel à traverser, l'Argens et le Var à repasser... Etait-ce donc pas
assez pour consommer sa ruine ? La rapidité de sa marche la sauva. Cette rapidité est d'autant plus remarquable
qu'on était au mois d'août et que les troupes étaient
embarrassées de butin et de bagages.

Pourtant, malgré sa non-réussite, cette expédition fut
utile aux Alliés, tant à cause des dommages matériels
qu'elle causa à la France que parce qu'elle fit une puis-
sante diversion qui empêcha la France et l'Espagne de
secourir Naples qui fut conquise par les Impériaux, et
qu'elle affermit les conquêtes des Alliés en Italie par la
prise de Suse dont ils s'emparèrent dans leur retraite.

C'est avec les historiens que nous répétons ces résultats
avantageux pour les Alliés, car pour nous, nous les trou-

vons très-minimes en comparaison avec la honte et les
pertes d'une telle expédition. Les manifestes des Alliés,
les relations injurieuses que donnèrent du siège de Toulon
les journaux anglais et italiens, montrent assez que les Alliés
regardaient comme immense le fait de la non-réussite de
cette invasion en France.

Les Alliés s'accusent réciproquement de l'insuccès.

Comme il arrive en pareil cas, chacun d'eux rejeta sur
les autres les causes du revers. L'Autriche se plaignit que
l'Angleterre n'avait pas fourni les subsides convenus. L'Angleterre que l'Autriche avait employé une division à la
conquête de Naples, qui était destinée à l'expédition de
Provence, et, enfin, par une politique cachée, d'avoir fait
traverser les projets du duc de Savoie par le prince Eugène.
Le cabinet de Saint-James alla même jusqu'à accuser le
duc de Savoie d'avoir été d'intelligence avec la cour de
France et d'en avoir touché de l'argent pour lever le siège
de Toulon et, par contre, d'avoir été mollement poursuivi
dans sa retraite.

L'Electeur de Brandebourg et le prince de Darmstadt
accusèrent le duc de Savoie d'avoir mis trop de lenteur
dans ses opérations et *d'avoir trop ménagé le pays*. Le
prince Eugène se plaignit qu'on n'eût jamais écouté ses
avis. Enfin, le duc de Savoie accusa tout le monde, l'Angleterre et la Hollande qui ne l'avaient pas assez secondé;
l'amiral Schowel d'être resté dans l'inaction, et l'Autriche
d'avoir reçu avec honneur et triomphe le prince Eugène
quand l'expédition, où il commandait en second, n'avait
pas réussi.

Voici quelques lignes d'un des manifestes des Alliés :
« Il y a bien de l'apparence que l'entreprise des Alliés sur
« Toulon aurait réussi, si le prince Eugène ne l'eût tra-
« versée. Nous ne devons pas imputer cette conduite à la
« mauvaise volonté de ce prince, mais à la politique de la
« cour de Vienne, qui songeait, alors, à la conquête de
« Naples. Le duc de Savoie avait résolu de combattre dès
« que ses troupes arriveraient. On l'obligea de différer le
« combat, et pendant ce temps, toute l'armée du maréchal
« de Tessé se rendit à Toulon; après quoi, il fut impos-

« sible d'exécuter le dessein des Alliés contre cette place.
« Si nous nous en fussions rendus maîtres, il est certain
« que nous aurions ruiné entièrement la marine française
« dans la Méditerranée (1).

Excepté cette dernière phrase, tout est erreur et contre-
sens dans cet article. Les journalistes officiels savaient
déjà interpréter les événements selon leurs idées, et en
rendre compte selon leurs opinions sans s'inquiéter des
preuves de la vérité historique.

Résumé des hauts faits du duc de Savoie.

Les hauts faits en Provence du duc Victor de Savoie se
réduisent dans cette campagne : brûler des villages et
des bastides abandonnés, couper des oliviers, rançonner
des villes sans défense et s'être fait battre par une armée
inférieure en nombre ; avoir échoué dans le siége d'une
ville à peine en état de défense et l'avoir inutilement
bombardée par vengeance; enfin, être entré triomphale-
ment en France et s'enfuir précipitamment, poursuivi l'épée
dans les reins par l'armée française, par les paysans et par
les milices provençales.

Le distique suivant qualifie donc exactement le genre de
gloire populaire que le duc Victor s'acquit dans sa campagne de Provence au nom de l'Europe coalisée contre la
France : (2)

Victor abit victus, late vastavit olivas;
Intactas lauros linquere cura fuit.

---

(1) Manifeste pour le ministère anglais, en 1707, imprimé à
Londres, en 1711, par Jean Mosphion.

(2) Ce prince fut le premier roi de la maison de Savoie : l'Europe le reconnut roi de Sicile (1710) et roi de Sardaigne (1720).

CHAPITRE IX.

RECONNAISSANCE DE LOUIS XIV.

Prise de Suse.

Les princes de Savoie, ivres de leurs succès inespérés en Italie, avaient entrepris la campagne de Provence avec le concours de l'Europe coalisée. Leur échec était une humiliation qu'il fallait voiler sous un succès quelconque. Ils voulaient se réhabiliter en enlevant à la France les postes qu'elle avait dans les Alpes, Fenestrelle, Perosa et Suse. Profitant habilement des réserves qu'ils avaient en Piémont, ils gagnèrent de vitesse le maréchal de Tessé, qui ne put à temps secourir Suse. Cette citadelle tomba en leur pouvoir, mais M. de Tessé déjoua leurs entreprises contre Perosa et Fenestrelle.

La prise du Pas-de-Suse fut exaltée à l'étranger comme un éclatant triomphe. La Cour de Versailles voulut, de son côté, y voir un échec redoutable. Il y eut, à cet égard, une conspiration ouverte, conséquence naturelle de la conspiration occulte contre la campagne de Provence que nous avons signalée en commençant cette chronique. Seul, à Versailles, le maréchal de Catinat réduisit la perte de Suse à sa juste valeur et dans les mémoires que le Roi lui imposait, il donna constamment raison à M. de Tessé (Voir les lettres des 11, 17 et 19 octobre 1707.) Aussi, le maréchal de Tessé, aux prises avec les ineptes et magistrales injonctions de Louis XIV et de M. de Chamillart, répétait sans cesse au roi et au ministre : « que le plus grand plai-« sir que l'on puisse lui faire, c'est de communiquer ses « dépêches à M. de Catinat. »

Lettre de Louis XIV au maréchal de Tessé.

Grande fut la colère de Louis XIV quand il apprit l'investissement de Suse. Le 27 septembre 1707 il écrivit à M. de Tessé :

« Mon cousin, vous ne devez pas douter que ma surprise « ait été grande lorsque j'ai appris que les ennemis, sépa-« rés en deux corps, l'un commandé par le duc de Savoie,

« l'autre par le prince Eugène, s'étaient portés, le premier
« sur Perosa et le second à Suse ; que leurs troupes
« avaient fait une grande diligence ; qu'ils avaient prévenu
« celles que vous avez destinées pour conserver ces deux
« postes importants pendant le reste de la campagne qui
« semblait devoir finir heureusement. Les troupes que vous
« faisiez marcher en Savoie auraient bien pu prendre leur
« route par le Dauphiné et y rester jusqu'à ce que, les nei-
« ges fermant entièrement les passages, il n'y eut plus rien
« à craindre de la part du duc de Savoie. Vous ne pouviez
« avoir d'autre objet, après avoir délivré Toulon et la Pro-
« vence, que la conservation de Suse et de Fenestrelle. Les
« ennemis avaient du moins autant de chemin que vous à
« faire pour y arriver ; il vous aurait été facile en vous
« avançant sur le Var, de faire marcher diligemment quel-
« ques-uns des bataillons qui étaient restés à Toulon du
« côté de Suse, ainsi que vous avez fait à la vallée de Bar-
« celonnette. »

(Suivent les instructions militaires, puis la lettre se termine ainsi)....

« Ce que je vous recommande plus particulièrement,
« c'est de ne rien commettre mal à propos et sans espé-
« rance de succès.

Réponse du maréchal de Tessé au Roi.

M. de Tessé, blessé de reproches et de récriminations
aussi injustes, répondit :

« J'ai reçu, Sire, la lettre que votre Majesté m'a fait l'hon-
« neur de m'écrire, aux objections de laquelle je croyais
« avoir répondu pour vous faire souvenir que les ennemis
« avaient laissé en Piémont 16 bataillons et un corps de
« plus de 6,000 chevaux, et qu'il n'était pas possible que
« votre armée, qui revenait de Provence, pût faire autant
« de diligence que *cette tête de seize bataillons qui était sur*
« *les lieux et qui a servi d'avant-garde à celle des ennemis*
« *qui revenait de Provence.* Outre cela, Votre Majesté me
« permettra, aussi, de nier que la marche du duc de Sa-
« voie, à partir de Nice, marchant comme il a fait sur trois
« colonnes, n'ait pas dû être plus prompte que celle de
« vos troupes partant de Toulon et même de Draguignan,

« plus près de quatre marches. La situation du Piémont est
« telle qu'entouré des Alpes, ledit Piémont se trouve dans
« le centre de notre pays qui l'environne ; et, pour se ser-
« vir de la comparaison ordinaire de l'arc et de la corde,
« nos troupes font l'arc quand les siennes font la corde.
« J'avais si bien prévu que ce malheur pouvait arriver,
« qu'avant de partir du Var j'avais fait précéder mon dé-
« part par des bataillons qui sont venus à tire-d'aile, quasi
« sans séjour et sans souliers, mais qui n'ont pu arriver as-
« sez tôt dans deux endroits à la fois ; *car, par mes ordres,*
« *ils allaient à Suse, dont ils ont été, avant mon arrivée,*
« *détournés pour aller à Pérosa, qui paraissait plus pressé.*
« A Dieu ne plaise que je croie tout perdu quand Suse
« tombera ! mais la guerre en deviendra bien plus difficile
« et met le duc de Savoie sur nos frontières, tandis que
« vous étiez sur les siennes. »

Le maréchal, répondant à l'injonction de ne rien commettre mal à propos et sans espérance de succès dit :
« Quand j'entreprendrai quelque chose, ce sera avec espoir
« et vraisemblance ; mais, passé les premières dispositions,
« il n'y a personne qui puisse répondre du succès, et je
« serais moins embarrassé si Votre Majesté m'ordonnait
« ou de secourir Suse en risquant quelque chose, ou de le
« laisser prendre en ne risquant rien. »

Lettre de M. de Tessé à M. de Chamillart.

Deux jours après, le 4 octobre, M. de Tessé écrivit à M.
de Chamillart pour lui exposer très-nettement la situation
et le dénûment complet dans lequel il laissait son armée.
Il n'accusait pas, il constatait. « Nos troupes sont campées
« dans la neige avec un peu de paille, parce qu'il n'y a pas
« davantage, une rareté de souliers qui me fait devenir
« fou et une disette de bois insupportable. »...
« J'essaye à maintenir et faire vivre ce corps de troupes
« au jour la journée, et à le consoler. J'essaye de me rai-
« dir contre les difficultés, et je voudrais, aux dépens de la
« moitié de la vie qu'il peut me rester, avoir acheté qu'un
« autre fût à ma place...»

Panégyrique de M. de Tessè.

Ces deux lettres, et tout ce qui est dit dans cette chronique, ne montrent-ils pas le maréchal de Tessé sous un plus beau jour que le jour déplorable sous lequel nous le représente le duc de Saint-Simon dans ses mémoires. « C'était un homme d'un caractère liant, poli, flatteur, voulant plaire à tout le monde, mais fier, droit, ingrat à merveille, fourbe, artificieux même. »

Le duc de Saint-Simon, outre les raisons personnelles qu'il avait de ne pas aimer M. de Tessé, n'a t-il pas été le triste écho du Versailles de 1707 ?

Le maréchal « après avoir délivré Toulon et la Provence » nonobstant les fautes du Roi, n'avait pu par la force des choses, délivrer Suse selon la volonté du Roi, — *Louis XIV était donc libéré envers M. de Tessé !....*

Blessé de l'ingratitude de la Cour et dégoûté des grandeurs de ce monde, le marquis de Tessé se retira plus tard chez les camaldules où il mourut en 1725 : il était né en 1650.

Lettre des consuls de Toulon à M. de Chamillart.

Le 6 septembre 1707, les consuls de Toulon écrivirent à M. de Chamillart, contrôleur général des finances et ministre de la guerre.

« Nous sommes, enfin, délivrés du péril, grâces à Dieu,
« par la levée du siége, le mois passé, après avoir été
« bombardés par terre depuis le 15 à six heures du soir,
« jusqu'au 21, et par mer, depuis le 21 à onze heures du
« matin, jusqu'au 22 à quatre ou cinq heures du matin.

« Il y a environ *deux cents* maisons endommagées par
« les boulets de canon, pour le moins *six cents* par les
« bombes, dont il y en a plusieurs rognées et quelques-
« unes abattues par ordre. Si le dommage à cet égard n'a
« pas été si considérable que nous avions lieu de le crain-
« dre, ça a été par la diligence et les bons ordres que *M. le*
« *marquis de Chalmazel* a donnés et que nos habitants ont
« exécuté avec tout le zèle et l'ardeur possibles. On peut
« dire qu'il a fait dans cette occasion tout ce qu'on pouvait
« souhaiter d'un bon commandement, sage et intrépide, et
« il n'a pas ménagé ni sa personne, ni sa bourse, s'est ex-

« posé à toutes sortes de dangers comme le moindre par-
« ticulier.

« Cependant, Monseigneur, comme Toulon, en qui ré-
« side uniquement le salut du reste de la Provence, *a souf-*
« fert de si grandes pertes pour la défense commune, nous
« avons cru en pouvoir espérer le dédommagement de la
« bonté du Roi, à l'exemple d'autres villes qui ont eu le
« même malheur dans la dernière guerre.

« Nous avons pour cet effet présenté requête à M. Lebret,
« intendant de la Provence, tendant à faire commettre
« des experts non suspects, pour faire rapport de l'état
« des maisons et des héritages endommagés et de ce qu'ils
« valaient auparavant; mais, avant que de statuer là-des-
« sus, il en a voulu écrire à Votre Grandeur.

« Nous avons ressenti si souvent, Monseigneur, les effets
« de la protection dont votre Grandeur honore les habi-
« tants de Toulon, que nous espérons qu'elle voudra bien
« employer son crédit auprès du Roi pour leur procurer
« cette indemnité, *la plupart se trouvant entièrement ruinés*
« par le ravage de leurs terres, par le pillage de leurs
« fruits, par la démolition ou l'incendie de leurs maisons,
« et par l'impuissance d'y faire aucune réparation sans des
« secours extraordinaires. »

Réponse de la Cour de Versailles et autres démarches des consuls.

M. de Chamillart répondit aux consuls une lettre magnifique, en date du 17 septembre 1707, pour leur dire qu'ils
pouvaient proposer ce qu'ils croyaient plus à propos pour
opérer leur soulagement; mais en faisant attention que sa
Majesté étant déjà chargée des dépenses de la guerre qui
sont immenses, il lui serait impossible de prendre sur elle
les secours dont ils avaient besoin.

Les consuls écrivirent, alors, à M. de Pontchartrain, mi-
nitre de la marine et à M. de Lebret, intendant de justice dans
la province, ils firent même voter par le conseil général de
la communauté de Toulon d'envoyer une députation composée de J. Flamenq, maire et de J. de Marin-Carrençais,
premier conseiller, pour se porter à Paris et partout où besoin sera, afin de demander l'indemnité des dommages.

« Tout fut inutile à cause de la mauvaise conjoncture des
« temps. » La cour et les ministres écrivirent toujours de
superbes lettres, à la suite desquelles le Roi daigna prolonger d'une année dans leurs fonctions tous les membres du
conseil communal, et envoya des lettres de noblesse à M.
Flamencq, et une lettre de satisfaction à M. de Marin.

Là, se bornèrent les munificences royales !...

Les consuls, sans se décourager, demandèrent, alors, des
privilèges pour la ville, puisqu'on ne pouvait lui donner de
l'argent, et ils se rabattirent « sur le rétablissement d'une
« grande foire qui lui avait été accordée par le roi Henri IV
« en 1595. »

Le sieur Férand fut député vers M. Lebret, avec un mémoire à ce sujet. Louis XIV, importuné de tant d'insis-
tance, accorda, enfin, cette dernière faveur « après une
« année de démarches et de formalités. »

Les lettres patentes de cette foire sont datées du 21 décembre 1708.

Lettre de l'évêque de Toulon à Louis XIV. — Belle conduite de ce prélat.

Mgr Chalucet, évêque de Toulon, voulut, aussi, intercéder
auprès du Roi en faveur de son clergé. Sa supplique est du
8 avril 1708, elle se terminait ainsi :

« La désolation de ce diocèse n'est que trop connue par
« Votre Majesté ; mais les suppliants osent y ajouter que
« leur impuissance est incompréhensible.

« Votre Majesté peut en juger par la suppression que
« nous avons été obligés de faire de tous les prédicateurs
« pendant ce carême et de plusieurs secondaires. Ce con-
« sidéré, Sire, ils supplient très humblement Votre Majesté
« de vouloir bien, par un effet de sa charité, avoir égard
« à la désolation et à la misère de tous les ecclésiastiques
« de ce diocèse qui ont même été, pour la plupart, person-
« nellement maltraités et dépouillés aussi bien que leurs
« églises, et, en conséquence, leur accorder l'exemption
« des dîmes et de la capitulation pour les termes d'octobre
« 1707 et de février 1708, qu'ils sont dans l'impuissance ab-
« solue de payer, et ils continueront leurs prières pour la

« santé et la prospérité de Votre Majesté et de toute la
« famille royale. »

L'affaire fut portée au bureau de l'archevêché de Paris ;
mais le cardinal de Noailles, archevêque de cette ville, la
fit rejeter, parce que le contingent des autres lieux par où
l'ennemi avait passé étant terminé, il redoutait que le pro-
duit des impositions qu'on avait coutume de faire au cardinal, protecteur à Rome, ne fut pas assez considérable.
Cette supplique fut donc renvoyée à Mgr Chalucet, comme
n'étant pas faite à temps et manquant des formalités re-
quises.

Le bon évêque « pleura sur l'ingratitude et l'égoïsme des
« grands de la terre, » et, après avoir fait faire, par son
clergé et par les sociétés charitables, une enquête exacte,
il distribua aux pauvrees des étoffes et des vêtements, du
blé et des provisions et, enfin, paya de ses propres deniers,
une grande partie des contributions de son diocèse. Il avait
épuisé toutes les ressources de l'évêché et vendu son propre patrimoine !

Munificences royales pour récompenser Toulon.

*La prorogation d'une année de fonctions pour ses trois
consuls, l'octroi de noblesse pour le premier consul, une lettre
de félicitation pour le troisième, la permission d'une foire
oubliée,* telles furent les munificences par lesquelles se
signala la royale reconnaissance de Louis XIV envers Toulon, qui avait si courageusement repoussé l'invasion étran-
gère à la suite d'un siége et de deux bombardements !

Quelques années après, l'horrible fléau de la peste succéda au terrible fléau de la guerre. L'insalubrité provo-
quée par le dépavage des rues et par les corps enfouis sous
les décombres qu'on n'avait pu retirer, accrut son intensité.
Aussi, en 1720, grêce à ce double désastre, la ville ne comptait plus que 10,000 habitants au lieu de 40,000 qu'elle avait
en 1706. Le pavage des rues et des places, et la reconstruc-
tion des édifices publics étant restés à la charge de la municipalité, la ville devint si pauvre qu'il lui fallut jusqu'en
1780 pour pouvoir réunir les fonds nécessaires à la recons-
truction de l'église de Saint-Louis. Encore Louis XVI vint-
il à son secours en lui faisant don, pour le vendre, du cou-

vent des Capucins et ses dépendances, situé près de cette église.

RECONNAISSANCE DU CONSEIL COMMUNAL DE TOULON

Table de marbre votée pour Mgr. de Chalucet.

Si la cour de Versailles ne fit rien pour récompenser Toulon, cette pauvre ville témoigna, du moins, sa reconnaissance le mieux qu'elle put, aux chefs généreux qui avaient concouru à sa défense.

Le 23 juin 1708, son conseil municipal vota pour Mgr de Chalucet une table de marbre noir pour être déposée dans l'hôtel-de-ville. Elle portait l'inscription latine suivante, gravée en lettres d'or :

« ARMANDO-LUDOVICO-BONNIN

DE CHALUCET,

EPISCOPO TOLONENSIS. »

—

« *Quod urbe, terrâ marique, a Germanis, Anglis, Bativis et Saban-*
« *dis; inter missiles hostium ignes, et disjecta domus ruinas,*
« *intrépidus, optimates consilio et exemplo firmavit; plebem*
« *frumento et pecunia juvit, consules et civitas Tolonensis post*
« *depulsos hostes, grati animi monumentum.*

P. P.

« ANNO M. D. C. C. VII. »

« A Monseigneur Armand-Louis Bonnin de Chalucet,
« évêque de Toulon, »

« Pour avoir été intrépide pendant que les Allemands,
« les Anglais, les Hollandais et les Savoyards assiégaient
« Toulon; inébranlable parmi les boulets, les bombes et
« les ruines de son palais ; pour avoir aidé les chefs de la
« ville de ses conseils et les avoir soutenus par son exem-
« ple; pour avoir distribué du blé et de l'argent au peuple.

« Les consuls et le conseil de Toulon, après la défaite
« des ennemis, lui ont consacré ce monument de leur
« reconnaissance. P. P. l'an 1707. »

Table de marbre noir votée pour le comte de Grignan

Nous avons déjà dit (page 24) que pour la plupart des bibliographes la renommée du comte de Grignan ne con-

sistait guère que dans le fait d'avoir été le mari de Mlle de
Sévigné. Les provençaux, ses contemporains, ignorèrent
cette gloire, mais, en revanche, ils savaient que leur gouverneur était le dernier descendant d'une noble maison
qui leur avait donné des souverains et avait bâti la ville de
Montélimart, qu'il était le général qui avait pris la citadelle d'Orange et avait puissamment contribué à repousser
l'invasion Austro-Piémontaise, que sa générosité était
inépuisable et qu'il était accessible à tous; aussi le nom
« du généreux Grignan » était-il populaire dans toute la
Provence.

Le conseil communal de Toulon apprenant sa mort
lui vota, le 18 décembre 1712, une table de marbre noir
pareille à celle de Mgr. de Chalucet.

Cette table fut placée solennellement dans la chapelle
Sainte-Anne, située dans l'emplacement du camp « *pour
perpétuer le souvenir de la gloire qu'il s'était acquise en 1707
pendant le siége de la ville.* » Une grande messe fût célé-
brée pour le repos de son âme, comme aussi pour tous les
Français (soldats et citoyens) « et pour les Allemands,
« Anglais, Hollandais et Savoyards qui avaient passé de
« vie à trépas pendant le siége. » L'évêque, un grand
nombre de prêtres « et de moines » les autorités civiles,
militaires « et de robes » se tenaient dans l'intérieur, tous
les habitants et toutes les troupes de terre et de mer se
pressaient autour de la chapelle « à genoux ou debout
décemment silencieux. »

Autres votes reconnaissants du Conseil municipal de Toulon.

En 1707, le Conseil communal avait décrété pour
reconnaître les services rendus par les braves gardes de la
marine pendant le siége :

1° Qu'à l'avenir, leur logement serait à la charge de la
ville ; 2° que lorsqu'ils seraient casernés aux frais du Roi,
il serait payé à chacun d'eux, par la ville, une indemnité
de logement de neuf livres par mois.

Enfin, le Conseil décerna « *de grands remerciments et
de grands honneurs* » au marquis Claude de Chalmazel et
aux chefs des troupes de terre et de mer, et il accorda des

priviléges aux corporations religieuses et laïques qui s'étaient distinguées pendant le siége et pendant les bombardements.

« Le pauvre peuple toulonnais, dit un contemporain, « fut aussi reconnaissant que le grand roi avait été « ingrat. »

Les camps des Alliés.

Le 22 août 1707 fut un grand jour de gloire et de bonheur pour les Toulonnais. Les Alliés fesaient « retraite « par terre et par mer, » le siége était définitivement levé !

MM. de Saint-Pater et de Chalmazel consignèrent rigoureusement les portes de la ville jusqu'au lendemain, mais ils accordèrent la libre circulation sur les remparts. Tous les habitants « s'y précipitèrent pour s'assurer de la fuite de l'ennemi. » S'étant rendus aux emplacements des camps des Alliés avec les généraux et les consuls, MM. de Saint-Pater et de Chalmazel y placèrent des postes et des sentinelles pour empêcher le pillage et maintenir le bon ordre. C'est, alors, que chacun put apprécier la force et la grandeur des travaux que les Alliés avaient exécutés pour attaquer Toulon et l'importance du succès obtenu.

Ce fut le 23 août et les jours suivants que l'on procéda activement à l'enterrement des morts, à l'enlèvement des objets abandonnés et à la destruction des parties de batteries et des parallèles qui gênaient davantage la circulation.

Les Alliés avaient abandonné dans leurs camps quinze à vingt canons encloués ou mis hors de service, un nombre immense de boulets et de bombes, tous les bois de leurs batteries et de leurs retranchements, des charrettes et des caissons en mauvais état, un nombre considérable d'armes et d'objets divers, et, ajoutent les chroniqueurs, *plus d'un millier de morts sans sépulture*. La plupart avaient été tués dans la bataille du 15 août et ces corps répandaient une odeur infecte. Ils se trouvaient dans les endroits plus particulièrement exposés aux feux de la place, ce qui explique, mais sans l'excuser, l'abandon dont ils avaient été l'objet, abandon qui a d'autant plus lieu d'étonner que l'on sait que les princes de Savoie (le prince Eugène surtout) étaient trèssoucieux de leurs soldats : ils les aimaient et en étaient aimés. Nous avons dit qu'ils avaient, aussi, abandonné à La Valette un nombre considérable de blessés.

L'année 1707.

L'année 1707 sauva la France et répara, heureusement, les malheurs des campagnes précédentes. Le maréchal de Berwick avait reconquis à Philippe V les royaumes de Valence et d'Aragon par la victoire d'Almanza ; le maréchal de Villars, après avoir forcé les lignes de Stollhofen, avait pénétré jusqu'au Danube, le maréchal de Tessé avait sauvé la Provence et le Dauphiné en faisant lever le siége de Toulon; le duc de Vendôme avait sû déconcerter en Flandre les vastes projets des Alliés; le comte de Forbin et le chevalier du Guay-Trouin avaient battu les flottes ennemies et fait des prises considérables ; du côté de Naples, seulement, la fortune avait été favorable aux Alliés.

Louis XIV n'avait pas désespéré de la France au plus fort de ses revers; le grand roi avait compté pour résister à l'Europe coalisée sur le patriotisme français qui, lorsqu'il unit tous les membres de la grande famille nationale, nous rend invincibles, de même que le ciment reliant ensemble les pierres d'un édifice et en fait une masse inébranlable.

CHAPITRE X.

ANALYSE MILITAIRE DE LA CAMPAGNE DE PROVENCE
EN 1707.

Enseignements.

Nous avons dit, en commençant, que la campagne de
1707 *présentait d'utiles enseignements pour tous.* Nous crai-
gnons, le rôle du chroniqueur n'étant pas à la hauteur de
celui de l'historien, de n'avoir pas suffisamment rempli notre tâche. Nous allons donc faire ressortir quelques-uns de
ces enseignements après avoir présenté une analyse som-
maire au point de vue stratégique. On ne saurait trop protes-
ter contre cette déplorable croyance populaire *que le courage
de ses citoyens suffit à un pays pour le rendre invincible.*

Oui ! il faut en première ligne le courage ; mais ajoutons, tout aussitôt, le courage des masses et non pas seulement le courage individuel ; de plus, il ne suffit pas du
courage collectif d'un moment, celui du combat, — (le seul
que le vulgaire apprécie !) — mais il faut le courage permanent qui commence avec la campagne et qui finit avec elle,
c'est-à-dire le courage permanent à supporter les fatigues
les marches, les privations et les engagements, les combats
n'étant que la récompense ambitionnée des fatigues, des
marches et des privations.

Dans la campagne de 1707 on y relève, avant tout, le
patriotisme de tous aux prises avec l'improvisation des
moyens pour résister à l'invasion, puis, fait intéressant pour
ceux qui aiment à se rendre compte des événements, ils
sont simples et enchaînés, et les fautes qui ont été commises de part et d'autre sont instructives par la facilité
avec laquelle on peut constater leurs résultats immédiats.

Stratégie.

La stratégie repose sur des règles consacrées par l'expérience des siècles : *l'art de la guerre est le plus ancien des
arts.* Mais ses règles sont d'une difficile et délicate application : elles constituent le génie militaire. Malheur à qui les

viole : l'*audaces fortuna juvat* n'est que l'exception qui confirme la règle.

La stratégie comprend, notamment, la *conception* et la *direction* des opérations militaires.

La conception est le résultat des considérations sur l'état politique, géographique et militaire d'un pays, en vertu desquelles on conclut que ce pays doit être attaqué.

Etat politique.

L'état politique de la France favorisait à souhait les projets des Alliés.

Le pouvoir royal était concentré en des mains faibles et inhabiles, mais jalouses de leur autorité. Les finances de l'état étaient dans un état déplorable. La misère du peuple, accablé d'impôts et de vexations, était à son comble. A côté de tant de calamités l'esprit d'examen et de révolte fermentait sur plusieurs points. Tel était l'état intérieur.

L'état extérieur était plus déplorable encore. La France essuyait partout des revers. Au nord, la défaite de Ramilies lui avait enlevé la Flandre espagnole ; à l'est, le désastre de Turin lui avait fait perdre l'Italie, et l'Allemagne en armes se pressait contre elle de toutes parts ; au sud, le comte de Gallway s'emparait de Madrid et proclamait roi l'archiduc Charles. Les armées françaises étaient démoralisées et les troupes alliées possédaient cette supériorité morale que donnent la victoire et le nombre supérieur de combattants. Enfin, la reine Anne succédait à Guillaume III et faisait prendre à l'Angleterre une part plus active à la guerre : elle soudoyait l'Europe contre la France. Joseph 1er succédait à l'empereur Léopold et poussait la guerre avec une nouvelle vigueur : il mettait au ban de l'empire les électeurs de Bavière et de Cologne nos deux seuls alliés. La France était donc ouverte de tous côtés. Les Alliés cherchaient son point le plus vulnérable. L'intérêt personnel de l'Angleterre et l'ambition du duc de Savoie firent choisir la Provence.

Etat géographique.

La Provence est un pays boisé et montagneux, mais avec de bonnes routes et des chemins praticables surtout en été.

En 1707, la proportion des armes devait donc être celle-ci (en ajoutant la donnée d'un siége), l'infanterie étant l'unité : cavalerie 1/10, artillerie 1/15, génie ou plutôt matériel de siége 1/8.

Les Alliés n'observèrent pas ces proportions. Leur cavalerie était trop nombreuse. Nous voyons, en effet, le duc de Savoie ne pouvoir utiliser sa trop nombreuse cavalerie que pour soutenir la retraite.

Cette surabondance de cavalerie lui fut inutile et même nuisible pendant toute la durée du siége. Il eut la plus grande peine à trouver de quoi la nourrir en cette saison dans un pays sec et brûlé.

Son artillerie de campagne était presque nulle pendant la marche en avant et pendant les premiers jours du siége. Nous avons montré les désastres qui résultèrent pour les Alliés de ce manque de bouches à feu dans la prise des abords de Toulon et à la bataille de Sainte-Catherine

L'armée française, du moins, était mieux composée. L'artillerie, pourtant, y était trop nombreuse ; mais en réfléchissant que le feu des canons est l'arme de la défense, on reconnaît que ce défaut théorique devenait, par les circonstances spéciales, un élément de succès.

La cavalerie inutile à Toulon était au Bausset et à Seillons. M. de Tessé l'avait ainsi placée pour rétrécir le cercle des réquisitions des Alliés et nourrir plus facilement les chevaux.

Etat militaire.

Les circonstances militaires étaient toutes en faveur des Alliés. Nous avons indiqué l'état de démoralisation de l'armée française et la pauvreté des finances. Ajoutons, maintenant, que la Provence, en particulier, était sans argent, que la Cour ne pouvait en fournir, et que les ressources du pays consistaient, entre autres éléments, dans le désintéressement des chefs à vendre leur argenterie, enfin, que les forces des Alliés sur terre étaient doubles des nôtres, et sur mer centuples, que leurs effectifs étaient au complet, leurs approvisionnements abondants et leurs caisses déjà bien remplies par les subsides de l'Angleterre, sans cesse approvisionnées par les contributions de guerre qu'ils exigeaient sur leur passage avec la dernière rigueur.

Si nous ajoutons, comme corollaires aux circonstances militaires, le caractère du peuple et le talent des généraux, nous verrons que l'avantage était, encore, du côté des Alliés.

Les impôts et les charges des dernières guerres avaient exaspéré le peuple, et le patriotisme français ne devait se réveiller que par la présence injurieuse du pied ennemi sur le sol de la patrie.

M. de Tessé était dans le vrai quand, le 8 juin 1707, il écrivait à M. de Chamillart : « Mais diront-ils, (*les courti-* « *sans*) qu'est devenue la fidélité du peuple ? Quand un « ennemi entre dans un pays, il n'y a pas un buisson d'où « il ne doive sortir du feu ?

« La fidélité du peuple est la même; mais la force n'y « est plus. Il n'a de quoi avoir un fusil, ni de quoi se four- « nir d'une livre de poudre. Tout fuira et ce serait tromper « le Roi et l'Etat que de compter sur le peuple. »

Généraux.

Quant aux généraux, le parallèle n'était pas possible entre les généraux en chef. Comment mettre en ligne le pieux et politique négociateur, le maréchal de Tessé, avec l'heureux et ambitieux Victor-Amédée II et avec l'habile et hardi héros du jour, le prince Eugène, l'un des plus grands maîtres de la science de la guerre ? (1) Si le maréchal était le vainqueur de Crémone (2) et de Badajoz, il était, aussi, le vaincu de Malaga et de Barcelone !

Pour les lieutenants-généraux, les maréchaux de camp et les brigadiers, ceux de France, instruits par les malheurs des dernières guerres, étaient supérieurs, assurément, aux princes et aux généraux allemands et italiens, quoique ayant moins de réputation militaire ; mais si ce sont les bras qui agissent, c'est la tête qui commande.

Parmi eux, brillaient l'impétueux et sage Médavy, le vainqueur de Castiglione (1706), fils du maréchal de Médavy,

---

(1) François de Savoie, comte de Soissons, appelé le *prince Eugène*, connu dans sa jeunesse sous le nom d'*abbé de Carignan*, alors qu'il était destiné à l'état ecclésiastique.

(2) M. de Tessé battit Trausmandorf entre Mantoue et Crémone en 1701.

et qui parvint, lui-même, au maréchalat (1) ; le beau et invulnérable Dillon, lieutenant-général à 34 ans, et qui, à la fin de sa carrière, avait assisté à plus de cinquante combats, siéges ou batailles, sans avoir reçu une seule blessure (2) ; les braves et brillants Tessé, Broglie, Villars, fils et neveux des maréchaux de leurs noms ; Le Guerchois, neveu du chancelier d'Aguesseau ; les Nestor de l'armée, Goesbriant, Besons, Saint-Pater, etc., etc.

Sous le rapport de la *conception*, une invasion en France devait donc être tentée par les Alliés.

Direction de la campagne de 1707.

Depuis longtemps, les cabinets avaient admis en principe *l'équilibre européen*. La présente guerre ne se faisait que parce que la France voulait le briser à son profit. Alors, comme aujourd'hui, les grands succès militaires se trouvaient presque impossibles, parce *qu'une campagne diplomatique allait de front avec la campagne de guerre*. On n'avait pour prétention que de s'emparer d'une province ou d'un point important pour hâter les transactions politiques. Toulon, place de guerre qui dominait le pays jusqu'au Rhône et la Durance ; Toulon, arsenal et port couvrant Marseille, devait être choisi. La chute de Toulon et celle de Marseille, c'était l'empire de la Méditerranée passant à l'Angleterre !

Pour la rapidité de cette analyse, nous prendrons successivement les trois considérations : *point d'où l'on part, point où l'on se rend* et *route qu'on fait pour arriver*. Nous pourrons, de la sorte, passer plus facilement de la considération de la direction de la guerre offensive ou des opérations des Alliés, à la direction de la guerre défensive ou des opérations des Français.

(1) Jacques-Léopold Rouxel de Médavy, comte de Grancey.

(2) Arthur, comte de Dillon, fils de Théobald, Lord Dillon, pair d'Irlande, vicomte de Castello-Gallen. Le comte Arthur vint en France avec le roi Jacques, comme colonel-propriétaire du régiment de Dillon ; il avait alors 20 ans.

Guerre offensive.

La guerre offensive est la partie de la guerre la plus brillante, comme aussi la plus aisée. Tous les grands généraux de l'antiquité et ceux des temps modernes l'ont préférée, parce qu'elle les laissait maîtres de donner l'essor aux inspirations de leur génie. Mais pour entreprendre cette guerre, il faut forces supérieures ou mobilité.

Le duc de Savoie avait tout ce qui peut rendre une guerre offensive aisée : liberté entière de ses manœuvres, soldats nombreux et aguerris, vivres et munitions en abondance, argent à discrétion.

Les Français, au contraire, n'avaient rien de tout cela. Pourtant, ils le battirent. Pourquoi ? C'est que, de leur côté, nous l'avons déjà dit, fut la mobilité, et qu'il la dédaigna dans sa marche en avant.

La guerre offensive demande deux armées d'inégales forces : l'une offensive ou active, et l'autre de réserve. La première, qui pénètre dans le pays ennemi, attaque ses forces, les bat, les fait reculer ; la seconde, qui garde les magasins, le pays conquis, et qui fournit sans cesse aux pertes de la première.

Le duc de Savoie eut ces deux armées de rigueur ; mais, pour la seconde, il commit la faute de la laisser dans le bassin du Pô, au lieu de l'avancer en France ou tout au moins jusque sur la ligne du Var. Elle ne put lui être d'aucune utilité.

Si, au lieu de ne pouvoir recevoir qu'à Antibes 5 à 6,000 hommes de renfort, il les eût reçus sur la Siagne ou sur l'Argens, il eût pu tenter dans sa retraite un retour offensif.

Cette faute ayant été faite, il en tira avantage pour opérer rapidement avec cette réserve contre Suse, Fenestrelle et Perosa, profitant de l'avance que ses troupes avaient, par leurs positions, sur celles de M. de Tessé.

On a objecté que l'expédition de Provence avait été entravée par le fait que 10 à 12,000 hommes qui lui étaient destinés, au lieu de prendre la route du Var, avaient passé la Trébia et marché sur Naples. Le simple rapprochement des dates détruit cette allégation. Capoue était occupée par le comte de Than le 2 juillet et Naples le 7 : Or, ce ne fut que le 11 juillet que l'armée austro-piémontaise passa le Var. Les princes de Savoie, croyant marcher à un facile succès en France, ne durent pas s'inquiéter d'ajouter une nouvelle division à leur nombreuse armée, mais voir avec satisfaction cette diversion dans le sud, qui allait enlever un royaume à l'Espagne et dédommager la maison d'Autriche.

Théâtre de la guerre.

Tout ce qui se rattache à une campagne est compris dans un triangle appelé *échiquier ou théâtre de la guerre*. Nous allons passer en revue les principales considérations qu'il embrasse.

Base d'opérations.

1° La base d'opérations est la frontière naturelle d'où l'on part ou les obstacles naturels (montagnes ou rivières) qu'on opposera à l'ennemi en cas de revers. A mesure qu'une armée s'avance dans un pays ennemi, elle prend successivement d'autres bases d'opérations qui sont dites *secondaires*, la première se nommant *principale*.

Le duc de Savoie, avant d'entrer en France, avait campé ses troupes à Pignerol, Ivrié et Cony. Il avait donc pour base la Doria-Baltéa et le Pô. Par une marche de concentration rapide, il prit les Alpes-Maritimes, et, par une marche en avant, le Var. Il était, alors, en pays ennemi. Le Var fut donc sa base d'opération principale.

Cette base avait les deux grands défauts que mentionne le général Jomini : exiguité et manque d'appui. Le Var est, en effet, un torrent de 26 lieues de cours qui descend du mont Caméléone, changeant de lit et ravageur. Il roule partout dans des montagnes impraticables, excepté dans la partie tout-à-fait inférieure où il présente des ponts et des passages faciles.

La base principale du duc de Savoie était donc seulement de quelques lieues, et, comme il avait négligé de s'emparer des villes de la côte (Monaco, Nice, Antibes), cette base n'était pas appuyée au Sud, point le plus important pour lui, puisque c'était celui qui le rapprochait de sa flotte.

Il pénétra en Provence par le pont de Saint-Laurens : la Siagne, puis l'Argens furent donc ses bases d'opérations secondaires.

Objectif.

2° Toulon était le but des efforts et le point, avant tout, où les Anglais voulaient voir flotter leur drapeau. Toulon était donc *l'objectif des Alliés*. Joignant ce point au mont Caméléone et à l'embouchure du Var, nous avons l'échiquier de leurs opérations en Provence.

Avant d'arriver à Toulon, les points stratégiques, objectifs secondaires, étaient Antibes, Fréjus, Draguignan et Le Luc ; les points tactiques et géographiques, objectifs secondaires, étaient Grasse, Le Muy, Brignoles et Cuers.

Front d'opérations.

3° *Le front d'opération* d'une armée est la ligne embrassée par cette armée en avant de la base. Si le général Rogniat ne la veut pas de plus de 20 lieues sous peine de se faire couper et battre en détail, il ne la veut pas non plus arrêtée avant d'atteindre les côtés de l'échiquier.

La mer était le premier côté, mais la non-occupation des places maritimes restreignit au Sud le front d'opération des Alliés. Le second était le Verdon et ses contreforts, mais les Alliés ne s'étendirent point au Nord jusqu'à ces limites de rigueur.

Que de telles fautes auraient été funestes aux Alliés si la cour avait su envoyer des secours au maréchal de Tessé, afin de lui permettre de profiter des suites de la levée du siége de Toulon ! C'est alors qu'ils auraient senti leur folle imprudence de s'enfoncer à 50 lieues dans un pays en armes et soulevé, *sans s'appuyer sur les principes immuables de la stratégie !*

Lignes d'opérations.

4° *Les lignes d'opérations* que suivaient les Alliés étaient la grande route d'Italie à Toulon comme ligne principale, et, accidentellement, les chemins parallèles comme lignes secondaires.

Les princes de Savoie commirent la lourde faute de ne pas employer les chemins parallèles à la route d'Italie comme lignes secondaires, afin d'accélérer leur marche. Arrivés à Grasse, ils auraient dû diriger, de suite, une colonne sur Draguignan ; arrivés à Fréjus, ils eussent dû pousser une colonne sur Grimaud et sur Hyères ; aussitôt le passage du Var, ils auraient dû, surtout, prendre la mer pour ligne d'opération secondaire et utiliser leurs nombreux navires à porter rapidement, non pas un détachement, mais toute une division pour *prendre Toulon à revers*, du côté de la mer : ils n'avaient que l'embarras du choix pour le point de débarquement !

Obstacles.

5° Les obstacles naturels et artificiels que le duc de Savoie eut à surmonter sont, en les classant d'après l'échelle de résistance assignée par Napoléon : les Alpes et leurs contre-forts, les rivières le Var, la Siagne et l'Argens; enfin, les différents défilés montueux et boisés qui se trouvent en Provence. Mais ces obstacles, quelques formidables qu'ils fussent, surtout les *défilés de l'Esterel*, étaient sans troupes. Le Var seul put être défendu. Aucun obstacle artificiel ne se trouvait sur sa route : toutes les villes et bourgades étaient ouvertes et sans défense. Rien ne pouvait arrêter *leur marche lente et triomphale* : les Alliés arrivèrent à Toulon sans autres soucis que le combat de Saint-Laurens, l'escarmouche de Cuers et quelques coups de fusils de miliciens et de paysans sur les maraudeurs qui s'écartaient des colonnes.

Point de refuge.

6° *Les points de refuge* pour une armée, en cas de revers, sont derrière un grand fleuve ou une chaîne de montagnes, sous les murs d'une place, dans l'enceinte d'un camp retranché ou d'une position militaire ; ils doivent être désignés et disposés d'avance.

Le duc de Savoie ne songea nullement à un point de refuge, quel qu'il fût : il se croyait trop sûr de vaincre.

Le plan du duc de Savoie consistait dans le funeste dessein (quand on ne réussit pas) de faire tomber tous les objectifs secondaires par la chute de l'objectif principal. Il résulta de ce projet que, dans sa retraite, il se trouva pris entre la division du comte de Médavy, au Nord, et la Durance, l'armée du maréchal de Tessé, à l'Ouest, et Toulon, les pla_ ces maritimes au Sud et la mer, l'Argens et le Var à l'Est.

Jamais armée conduite par un général de quelque réputation, ne se trouva, par son imprévoyance et sa présomp·
tion, dans une position si critique. Aussi, n'eût-il qu'une
seule alternative pour échapper à un désastre, la retraite, la
fuite rapide au-delà de sa base d'opération principale.

Guerre défensive.

Tous les généraux anciens et modernes, conviennent que
la guerre défensive est moins brillante que la guerre offensive, mais, aussi, qu'elle est plus savante et plus difficile.
Elle demande, avant tout, prudence et patience dans le général, connaissance parfaite du pays sous tous les rapports.
Il faut, constamment, pénétrer les desseins de son adver-
saire, les prévenir ou en retarder l'exécution, ou bien les
faire échouer. L'attaquant peut souvent commettre une
faute sans danger pour lui ; mais pour l'attaqué les suites
d'une faute sont toujours terribles.

Quand le duc de Savoie avait pour *base d'opération* la
Doria-Baltéa et le Pô, le maréchal de Tessé avait les Alpes,
et il concentrait ses forces dans le haut bassin de la Durance, ceux du Drac et de la Romanche. — Outre les
belles et importantes positions de ce pays montueux et
difficile, il s'appuyait sur deux lignes de places fortes et
gardait tous les passages des Alpes. Mais quand le duc de
Savoie eut traversé les Alpes Maritimes, par le col de
Tende et se fut avancé sur le Var, longtemps incertain dans
ses mouvements par suite des injonctions de la Cour, le
maréchal marcha sur Toulon. Il ne laissait en Dauphiné que
les contingents nécessaires pour garder les défilés des
Alpes et pour observer les réserves laissées en Italie. La
Durance devint, alors, sa base d'opération et Toulon son
point objectif.

Ce fut alors que, d'après les ordres de la Cour, il commit
la faute de partager son armée en trois corps et de vouloir
défendre la Durance et le Rhône en secourant Toulon. Sur
les observations du comte de Grignan, il répara, à temps,
cette grosse faute qui aurait perdu la Provence. Alors, par
un changement de lignes d'opération habilement et rapidement exécuté, la petite armée française se trouva bientôt

concentrée sous les murs de Toulon, dans les camps Sainte-Anne, Saint-Antoine et Missiessy, ayant le camp de Seillons pour empêcher qu'ils fussent tournés et pour assurer les communications avec le Nord et l'Ouest.

Ce changement de lignes, que Napoléon appelle *opérations de manœuvres* et désigne comme délicates et difficiles à exécuter, se fit, en cette occasion, avec une rare précision, grâce aux sages indications du comte de Grignan et à la hardiesse du marquis de Goesbriant. Ces lignes, comme le veut le général de Jomini, s'écartaient des vallées et des routes et prenaient des chemins plus courts en passant par les montagnes.

M. de Tessé vola à la défense de Toulon, parce que, outre tous les avantages déjà énumérés que possédait cette ville, elle était la clé du pays, sa force et son importance, si heureusement située qu'elle pouvait devenir l'entrepôt des Alliés pour alimenter et poursuivre la guerre, et, base de leurs opérations dans la Méditerranée ; de plus les Toulonnais et la marine s'étant organisés en brigades pour la défense de la place, son armée n'avait plus qu'à trancher la question de vie ou de mort dans cette guerre d'invasion.

Le maréchal sentit toute l'importance de Saint-Maximin (Seillons) à la fois point stratégique et tactique secondaire. Ce camp lui rendit les plus sérieux services pendant le siège, et lors de la retraite des Alliés il en rendit de plus grands encore, en forçant les Alliés à accélérer leurs mouvements pour ne pas être pris sur leur flanc gauche par les troupes du général de Médavy.

Siége. — Capitulations et redditions.

Les capitulations et les redditions n'ont leur excuse réelle que lorsque *tout* a été fait pour ne pas être amené à cette déplorable nécessité et, aussi, quand *tout* a été fait pour retarder l'événemet jusqu'à la dernière extrémité.

Si le fort Sainte-Marguerite eût tenu deux ou trois jours de plus, le bombardement de Toulon par terre n'eût pas été aussi terrible, car c'est sa capitulation qui permit à la flotte de débarquer de nouveaux canons, mortiers et projectiles pour alimenter le feu.

Si, par une haute valeur, dont le fort Saint-Louis lui donnait l'exemple, le fort Sainte-Marguerite eut tenu cinq jours de plus, les galiotes n'eussent pu aussi facilement bombarder Toulon, et les Alliés eussent été obligés d'aller rembarquer à Hyères leur immense matériel au lieu de fuir avec toute facilité à Port-Mejan.

Si le fort Saint-Louis eût été abandonné dès le 13 ou le 14 août, ainsi que son commandant le pouvait, conformément à l'*exeat* du conseil de guerre, M. de Cadrieu eût été complètement battu le 15 août et la bataille de Sainte-Catherine eut prise, peut-être, une autre tournure.

« Tout gouverneur ou commandant, à qui a été confié une place de guerre, doit se ressouvenir qu'il tient dans ses mains un des boulevards *de la patrie* ou l'un des points d'appui de ses armées et que sa reddition, avancée ou retardée *d'un seul jour* peut-être de la plus grande conséquence pour la défense de l'Etat et le salut de l'armée. » (1)

Extrait de Théophile Lavallée.

On lit ce qui suit dans l'*Histoire des Français, de Théophile Lavallée*, à la page 390 du troisième volume de sa dix-huitième édition (1872.)

« SIÉGE DE TOULON. — Le prince Eugène et le duc de
« Savoie, ivres de leur victoire (Turin) et de ses suites ines-
« pérées, résolurent de porter la guerre en France ; ils pas-
« sèrent le Var et se dirigèrent sur Toulon, secondés par
« la flotte anglaise et avec le projet de détruire le siége de
« la marine française dans la Méditerranée ; mais ils mi-
« rent douze jours à venir du Var devant cette ville (1707,
« 23 juillet) et le maréchal de Tessé ayant eu le temps d'ac-
« courir à sa défense, établit un camp retranché sur les
« hauteurs voisines. Les Alliés attaquèrent ce camp et par-
« vinrent à l'enlever ; mais Tessé l'ayant repris après un
« combat acharné, ils commencèrent à désespérer de leur
« entreprise : après un mois d'efforts, ils n'avaient pas

(1) Article 110 du décret du 24 décembre 1811, l'une des clefs de voûte de notre grandeur militaire. On sait que ce magnifique décret consacre l'ordonnance du 1er mars 1768, — la circulaire du Roi du 6 avril 1705, — la loi du 46 juillet 1791, — la loi du 21 brumaire an 5, — l'arrêté du 16 messidor an 7, etc., etc.

« encore ouvert la tranchée. Eugène ordonna la retraite ;
« mais harcelé dans sa marche par les paysans, et lorsqu'il
« repassa le Var, il avait perdu la moitié de son armée. »

Réfutation des erreurs de Théophile Lavallée.

Il y a dans le narré de la campagne de Provence de 1707
et du siége de Toulon, de M. Lavallée, autant d'erreurs
ou d'inexactitudes que de faits énoncés ou indiqués....

Pourquoi cette dualité établie entre *le prince Eugène et
le duc de Savoie* sur le fait de *leur victoire (de Turin) et de
ses suites inespérées ?*.... Ce fut le prince Eugène, seul,
qui gagna cette victoire (7 septembre 1706), mais il était en
second dans la campagne de Provence.

Ce ne furent pas les princes de Savoie *qui résolurent de
porter la guerre en France.* Cette entreprise fut résolue à
Londres (janvier 1707) et ils ne firent qu'exécuter les plans
arrêtés par les Alliés au conseil de Valence.

La flotte des Alliés se composait des escadres unies de
l'Angleterre et de la Hollande. Pourquoi l'appeler *flotte anglaise* et passer sous silence la flotte hollandaise ? Son
nom réel est anglo-batave.

Quand on tient à préciser, il ne faut pas donner des dates
erronées. Les Alliés *mirent* SEIZE JOURS ET NON PAS *douze
jours à venir du Var devant* Toulon (11 juillet au 26 juillet.)

La date 23 *juillet* 1707, assignée par M. Lavallée pour
l'arrivée des Alliés devant Toulon, n'est autre que la seconde arrivée des troupes françaises, une première arrivée
ayant eu lieu le 19 juillet.

Ce ne fut pas le *maréchal de Tessé* EN PERSONNE QUI *eut
le temps d'accourir à la défense de Toulon* avant l'arrivée
des Alliés devant la place, mais seulement, nous venons de
le dire, deux de ses divisions (de Sailly et de Goesbriant).

Ce ne fut pas le *maréchal de Tessé qui, ayant eu le temps
d'accourir à la défense de Toulon* (10 août), *établit un camp
retranché sur les hauteurs voisines,* mais ce furent MM. de
Grignan, de Saint-Pater et de Chalmazel (les gouverneurs
de la Provence, commandant des troupes et commandant
de Toulon); et ce ne fut pas *un camp,* mais trois camps
qu'ils établirent (Sainte-Anne, Saint-Antoine et Missiessy).
Ces camps ne furent pas *établis* lors de l'arrivée des pre-

mières troupes françaises, ainsi que l'avance encore M. Lavallée, ni à l'arrivée de l'armée des Alliés, ni à celle, enfin,
du reste des troupes de M. de Tessé, mais ils avaient été commencés dès la mi-juin et ils étaient *établis* avant les arriva-
ges précités.

Les Alliés n'*attaquèrent* pas *ce camp et* ne *parvinrent* pas
à l'enlever ; mais seulement les postes retranchés avancés,
établis sur les hauteurs voisines (c'est-à-dire Croix-Faron
(26 juillet), Artigues (30 juillet) et Sainte-Catherine
(2 août).

Sous la rectification capitale que ce ne furent ni son
camp ni des camps que M. de Tessé *reprit*, mais les abords
fortifiés de Toulon (15 août), nous dirons que l'expression
qui qualifie la bataille de Sainte-Catherine de *combat
acharné* est heureuse et vraie.

Les Alliés ne *commencèrent* pas *à désespérer de leur entreprise après* CE *combat acharné*, ils en *désespérèrent* définitivement. Le soir même de cette bataille, *ils commencèrent*
le bombardement par terre destiné à couvrir leur retraite
et à venger leur défaite.

*Après un mois d'efforts, ils n'avaient pas encore ouvert la
tranchée ?...* De quels efforts entend parler M. Lavallée,
puisqu'il en excepte, précisément, l'ouverture de *la tranchée ?* il y a là un non sens et une ignorance des faits.

Les Alliés prirent les abords de Toulon du 26 juillet au
2 août ; dans la nuit du 2 au 3 août ils ouvrirent leurs parallèles, et dans celle du 5 au 6 ils élevèrent leurs parapets (1).
Pourquoi omettre de parler de leurs immenses travaux
qui s'étendaient de Sainte-Catherine à la mer en passant
par l'Egoutier et au bas de La Malgue ?

Le 7 août, leurs batteries commencèrent un feu terrible
contre les remparts et contre les maisons.

Le 15 août, nous citons M. Henri Martin, M. de Tessé
« détruisit les batteries hautes et rasa la partie de la ligne

---

(1) La tranchée est une sorte de fossé creusé par l'assiégeant
pour se mettre à couvert du feu de la place. La parallèle est une
tranchée bordée d'un parapet avec banquette, et tracée parallè-
lement au côté attaqué.

« des ennemis entre les montagnes et le torrent de l'Egou-
« tier. »

Le 15 au soir, la ville était bombardée par terre, et le 21,
au matin, elle l'était par mer. Pourquoi omettre ces glorieux détails ou ne pas les résumer en quelques mots ?
Pourquoi diminuer ainsi la gloire de nos armes ?

Eugène ordonna la retraite.... Cette fausse attribution couronne les autres erreurs. M. Lavallée transforme le prince
Eugène en généralissime de l'armée des Alliés : il en était
le major-général, et Victor Amédée II en était le généralissime. Ce fut Victor-Amédée qui *ordonna la retraite.*

Nos histoires et nos biographies abondent en erreurs de
ce genre : le dictionnaire de Ladvocat attribue, par exemple, au prince Eugène la prise de Naples en 1707 !... (1).

Harcelé dans sa marche par les paysans.., Pourquoi ne
parler que des paysans et omettre les milices et les troupes
de lignes qui eurent, aussi, une si large part dans la poursuite
des Alliés ? Pourquoi omettre la conduite « l'épée dans les
reins » de Toulon au Var que M. de Tessé donna aux Alliés ? Le mot *marche* n'est pas heureux : fuite ou retraite
précitée eût été plus exact.

*Lorsqu'il repassa le Var, il avait perdu la moitié de son
armée....* Il y a exagération, même en acceptant les dires
des traditions populaires. La vérité paraît être la perte d'un
tiers, proportion encore énorme et qui constitue un désastre militaire.

Ce narré émanant de notre ancien professeur à l'Ecole
spéciale militaire et d'un historien militaire en renom, le
réfuter était pour nous un très-pénible devoir ; mais *l'histoire des Français par M. Théophile Lavallée* étant entre les
mains de tous et servant à l'instruction de la jeunesse et
de l'armée, des erreurs et des inexactitudes aussi déplora-
bles, sur un des glorieux faits de nos fastes militaires, ne
pouvaient se perpétuer sans une protestation rectificative
de la vérité historique.

(1) « Le prince Eugène s'empara du royaume de Naples en
« 1707, et il entra ensuite, en France, avec le duc de Savoie. » —
(Dictionnaire historique de l'abbé Ladvocat, tome II, page 389.) Cette
conquête est due au comte de Than.

Henri Martin.

Nous ne suivrons pas d'avantage nos historiens dans leurs comptes-rendus concernant la campagne de Provence de 1707, mais nous devons ajouter, néanmoins, que c'est, selon nous, M. *Henri Martin* qui l'a traitée avec le plus de soin et avec le plus de développement dans son « *Histoire de France* » tome XIV, pages 478, 483. Ce grand historien s'est tenu au plus près des documents officiels de la Cour de Versailles, n'en suspectant pas la partialité ; or notre chronique a précisément pour objet d'essayer de rétablir la vérité historique contre le dénigrement, ou *l'amoindrissement d'importance,* dont les événements de Provence furent l'objet de la part de la Cour. Néanmoins, il a très bien apprécié leur importance, car il conclut ainsi « Les « Alliés avaient compté non-seulement détruire la marine « française dans la Méditerranée en prenant Toulon, mais « encore pénétrer jusqu'en Languedoc et y réveiller sur « une plus grande échelle l'insurrection Cénevole. Ces « vastes plans n'avaient abouti qu'à des dépenses énormes « et à la perte d'au moins dix mille hommes. Le mauvais « succès des Alliés semblait attester une fois de plus que « la France est inattaquable par le sud-est. »

Les généraux de Vault et Pelet.

L'ouvrage spécial et militaire le plus complet et le plus sérieux qu'on puisse lire sur l'invasion de 1707 est la publication faite par le général Pelet, revoyant les travaux du général de Vault, ou *mémoires militaires extraits de la Correspondance de la Cour et des généraux,* conservés au dépôt de la guerre (1). Les instructions et les projets, les mouvements et les marches, les engagements, etc., etc., y sont indiqués et appréciés avec autorité par des maîtres et capitaines compétents.

Mais, en ce qui concerne LES FAITS *de l'invasion de*

---

(1) Mémoires militaires relatifs à la succession d'Espagne sous Louis XIV par le lieutenant-général de Vault, revus et publiés par le général de division Pelet. (Imprimerie Nationale MDCCXLVIII).

1707, nous constatons dans leur récit de regrettables lacunes.
Par exemple : l'absence de détails sur les bombardements,
l'omission de la deuxième partie de la bataille de Sainte-
Catherine qui est qualifiée *d'expédition* qui « parut réta-
« blir la confiance des troupes et des habitants et décon-
« certer les projets des ennemis; » l'omission des combats
de Cuers, de l'Esterel, etc., etc.; l'itinéraire de M. de
Grignan incidemment indiqué et en quelques mots ; les
noms de MM. de Chalmazel, des consuls de Toulon, etc.,
etc., ne sont même pas prononcés; enfin, nous relevons
que cette *invasion de la France* s'y trouve qualifiée de
CAMPAGNE D'ITALIE !.. Tel est, en effet, le titre de la deuxième partie du 7me volume, page 57.

Les Alliés ayant pénétré en Provence et assiégé Toulon,
puis étant retournés en Piémont et ayant pris Suse, les
Français, de leur côté, ayant manœuvré en Provence et
en Dauphiné sans pénétrer en Italie, nous avouons que
nous ne comprenons pas comment on peut qualifier l'invasion de la France, de *campagne d'Italie* ! Toujours la con-
tinuation de la conspiration occulte du dénigrement et du
silence de la part de la Cour de Versailles et des cabinets
européens de 1707, contre la campagne de Provence.

Quoiqu'il en soit, MM. de Vault et Pelet concluent :

« C'est ainsi que se termina une entreprise qui pouvait
« coûter à la France la place la plus importante de ses
« pays méridionaux et la Provence entière (page 152).
« Telle fut l'issue d'une des plus importantes entreprises
« qui se soient jamais faites, et que l'on sut par des lettres
« interceptées après la retraite des ennemis, avoir occa-
« sionné de grands débats entre les Alliés (page 157). »

Enseignements militaires.

En ce qui concerne les détails militaires, ce ne sont pas
les traits de courage qu'il faut rechercher dans cette campagne ; n'abondent-ils pas dans toutes nos entreprises de
guerre, même celles où la victoire désertât nos drapeaux ?
Ce qu'il faut y rechercher, ce sont les exemples admirables
qu'elle fournit d'union des trois armées : mer, terre et civi-
que ; c'est l'union des trois armes : infanterie, cavalerie et

artillerie : l'union fait la force. Ce qu'il faut y relever, ce sont les nombreux exemples de discipline et d'obéissance, les perpétuels exemples, aussi, de patience à supporter les privations et les fatigues qu'elle présente.

Discipline.

M. Le Guerchois abandonne une position et comprend mal un ordre donné. Or, c'est publiquement que M. de Goesbriant le réprimande et le met aux arrêts. M. Le Guerchois expie ses fautes en reprenant bravement une des positions qu'il a fait perdre, et M. de Goesbriant le félicite à la tête de ses troupes ; le maréchal de Tessé lève, lui-même, les arrêts. L'exemple portait haut, car M. Le Guerchois était tout particulièrement distingué par le Roi et protégé par M. de Chamillart et par Mme de Maintenon.

Bravoure militaire.

Les historiens étrangers, faisant allusion aux grands dangers auxquels s'exposa le prince Eugène devant Toulon, citent avec complaisance les traits de bravoure de leurs généraux et relatent les paroles que l'empereur Joseph Ier adressa à ce prince à son retour à Vienne : « Je suis content de vous, si ce n'est sur un seul point : c'est que vous vous exposez trop. »

Si les princes de Savoie faillirent plusieurs fois être tués, si quatre princes allemands restèrent sur le champ de bataille (deux tués et deux blessés), nous voyons, de notre côté, *tous* nos généraux monter les premiers à l'assaut des retranchements ennemis ; M. de Goesbriant n'user de son droit de général-commandant que pour se trouver, en personne, au point le plus périlleux ; le maréchal de Tessé n'arrêter, lui-même, *ses drapeaux,* que dans les lignes des ennemis ! M. de Langeron braver plusieurs fois la mort pour sauver l'Arsenal... Et si des chefs nous passons aux soldats, ne voyons-nous pas que le plus grand souci de M. de Tessé, à la bataille de Sainte-Catherine, fut d'arrêter « la vivacité de ses troupes » ; maintes fois, le nombre des canonniers (soldats, marins et habitants) fut trop grand pour le service des pièces sur les remparts...

Confraternité militaire.

Les historiens étrangers ont exalté les égards et la tendresse des princes de Savoie pour leurs officiers et leurs soldats. Nous rappellerons donc qu'ils abandonnèrent leurs morts et leurs blessés sous les murs de Toulon et qu'ils en agirent de même pendant leur retraite jusqu'au Var.

Les officiers français, dans tous les temps, ont été réputés, dans les armées européennes, les chefs les plus paternels et les plus accessibles à leurs subordonnés. Cette campagne en offre des exemples touchants. Avant et après le siége de Toulon, ils étaient réduits, eux-mêmes, au pain de munition et à l'eau ; or, plusieurs vendirent leurs bijoux et leur argenterie pour soulager leurs soldats. Le maréchal de Tessé s'occupait lui-même « *de faire vivre ses troupes au jour la journée et à les consoler !* » Aussi, « les soldats, « qui étaient sans souliers et campaient dans la neige « avec un peu de paille », supportaient-ils leurs fatigues et leurs privations avec cette résignation et cette gaîté qui distinguent nos soldats quand les chefs ont su conquérir leur estime et gagner leur confiance.

Secret des opérations.

Le secret des projets, puis le secret du but réel des premières dispositions d'exécution sont deux éléments capitaux du succès des opérations militaires. De part et d'autre, on voit les deux généraux en chef, malgré les *indiscrétions* et les *correspondances* de leur entourage, aboutir au secret absolu de leurs projets et de leurs dispositions.

L'entrée en France de l'armée du duc Victor-Amédée II est un chef-d'œuvre du secret gardé des opérations militaires. On voit M. de Tessé, de son côté, « suivant ses « projets avec le dernier secret, au point que M. de Saint- « Pater qui exécutera (s'il ne peut y aller lui-même), n'en « a encore nulle connaissance. » (Lettre à M. de Chamillart, 15 mai 1707.)

Fautes réciproques.

Nous ne reviendrons, ici, sur les fautes tactiques commises réciproquement par les deux partis, que sur les points suivants, afin de ne pas prolonger cette analyse.

Nous avons rendu à la marine française le juste tribut d'éloges qu'elle méritait dans la défense de Toulon et dans la conservation de l'Arsenal ; mais nous ne saurions trop mettre en évidence que le peu d'initiative de l'escadrille des galères de Marseille fût à la hauteur de celle de la grande flotte anglo-batave. Les galères françaises, ne doublant pas la pointe des Jonquiers parce qu'un vaisseau anglais croisait au large et abandonnant ainsi Toulon au feu des galiotes ennemies, égalèrent en *prudence* les galiotes des Alliés, n'osant bombarder Toulon qu'après la reddition des forts Sainte-Marguerite et Saint-Louis. Avec plus de vigueur, de part et d'autre, dans les opérations sur mer, les choses sur terre eussent très-certainement pris une toute autre tournure.

Nous avons relevé les fautes que firent les généraux français dans la défense des abords de Toulon, en méconnaissant l'importance des hauteurs de La Malgue. Nous ne reviendrons sur ce point capital que pour dire que si les Alliés, de leur côté, apprécièrent cette importance, ils eurent le tort d'autant plus grave de ne pas utiliser, davantage qu'ils l'ont fait, cette formidable position.

Règles de la guerre.

La défense de Toulon fut conduite avec une science, une habileté et un courage qui font le plus grand honneur aux ingénieurs et aux officiers français. On n'en peut pas dire de même pour les Alliés dans leur attaque lors des premiers jours du siége, et, également, dans toutes leurs opérations contre les forts Sainte-Marguerite et Saint-Louis. Ce ne fut que lorsqu'ils commencèrent leurs parallèles contre la place qu'ils conduisirent les travaux avec une vigueur et une activité extraordinaires, et d'après *les règles ordinaires* des siéges.

Il y a donc lieu d'admettre que ce fut de *parti pris* que les princes de Savoie procédèrent ainsi qu'ils le firent. Le prince Eugène, surtout, fier de ses hardis succès en Turquie et en Italie, *voulut innover et agir largement et rapidement.* Mal lui en prit. Les règles méthodiques des Vauban et des Cohorn ne pouvaient pas convenir à ce génie impatient et ardent. Nouvel exemple, s'il en était besoin, du danger

pour un homme de guerre de vouloir s'écarter des erre-
ments consacrés par l'expérience, à moins d'une nécessité
absolue. Aussi, quand on croit devoir le faire, doit-on se
préoccuper tout particulièrement d'en assurer l'exécution
par des moyens vigoureux et appliqués à la circonstance.

Géographie et topographie.

La géographie est une science un peu négligée et qu'on
ne saurait trop encourager en France. Tout citoyen réputé
instruit devrait avoir la connaissance *générale* du territoire
national, la connaissance *particulière* du territoire régional
et la connaissance *spéciale* du territoire local. Tous les officiers (armée active et armée territoriale) devraient posséder
de sérieuses notions de topographie. Les exemples abondent de grandes et de petites entreprises militaires dont la
connaissance ou l'ignorance des lieux a été la principale
cause du succès ou du revers.

L'itinéraire de marche rectifié par le comte de Grignan,
M. Lérand servant de guide à la colonne du comte de
Dillon, le bourgeois de Cuers rejoignant la colonne du
comte de Sailly par un chemin détourné, les ingénieurs
de Toulon traçant le camp Sainte-Anne sur la fausse donnée que le Faron était inaccessible de ce côté, apporteraient
de nouveaux exemples, s'il en était besoin, sur la nécessité,
dans une invasion surtout, que les chefs connussent parfaitement le pays qu'ils sont chargés de défendre.

J. Michelet.

J. Michelet, dans son *Histoire de Louis XIV,* n'a consacré que trois lignes à la campagne de Provence ; mais il a
signalé, précisément, *la fatale direction militaire de la Cour
de Versailles, pendant le règne de Mme de Maintenon,* contre
laquelle nous nous sommes élevé dans cette chronique.

« Grande histoire et très-simple. Nous lui avons rendu
« son unité. C'est la direction qui part de Versailles. On
« croit lire des faits militaires. Non, ce sont des événe-
« ments, ceux du gouvernement féminin, personnel. Les
« dames sont les Parques. De leurs mains délicates, elles
« font la destinée.

« Ces galants généraux, admirables pour être battus, ces
« ordres équivoques, cette demi-entente avec l'ennemi,
« tout cela part du même lieu, de la même influence. »

La gloire du maréchal de Tessé, c'est non seulement
d'avoir vaincu, mais *su vaincre malgré la Cour*. Elle
s'en vengea en le *chansonnant*, et ses échos continuèrent
l'œuvre en diminuant l'importance des événements de
Provence.

CONCLUSION

De part et d'autre, Alliés et Français, firent des fautes
dont plusieurs furent habilement réparées et même heureusement utilisées. Les Alliés furent vaincus, parce que l'union
et l'harmonie ne furent pas dans leurs conseils, et que,
trop confiants dans l'immense supériorité de leurs forces,
la rapidité de leurs mouvements cessa précisément au moment où le succès de la campagne en dépendait (la
marche sur Toulon). Les Français vainquirent, parce que le
patriotisme de *tous* sut improviser de formidables moyens
de défense et que l'union de *tous* permit au maréchal de
Tessé de commander réellement, et qu'il fut obéi à souhait.
Enfin, c'est que la mobilité et la rapidité des opérations et
des mouvements furent le partage constant des troupes
françaises.

Bienheureuses sont les fières cités qui ont eu la gloire de
pouvoir dire au flot de l'invasion : « tu *n'iras pas plus
loin* ; » elles ont bien mérité de la Patrie ! car trois fois
malheureux sont les pays qui n'ont pu repousser l'étranger.
L'INVASION !.. le plus terrible des fléaux qui afflige une
nation et qui les résume tous : *vae victis* !

Puissions-nous avoir accompli notre modeste projet :
attirer l'attention de nos savants collègues des Sociétés académiques des départements sur l'INVASION DE LA FRANCE
EN 1707, ET SUR LE SIÉGE DE TOULON, particulièrement
celle de nos collègues de la société académique du Var :
il leur appartient de rectifier ou de confirmer notre
travail. La chronique est le canevas de l'histoire : l'histoire
nationale est l'enseignement du patriotisme.

Bᵒⁿ TEXTOR DE RAVISI.

NOTES

EXTRAITES de la correspondance de MM. Borel d'Hauterive, archiviste paléographe, et L. Caffarena, secrétaire de la Société académique du Var, qui ont bien voulu lire cette Chronique au moment du tirage.

BOREL D'HAUTERIVE

Page 17, *ligne* 1re, *au mot* CRILLON :

« C'est à lui que Henri IV écrivit, dit-on : « Pends-toi, « brave Crillon, nous avons combattu à Arques et tu n'y étais « pas. » — Le passage est assez beau pour faire désirer qu'il soit vrai. Par malheur il est de pure invention. »

« Le héros béarnais ne tutoyait pas ses compagnons d'armes, même les plus intimes. Voltaire, qui est le premier auteur de ce mot historique, a dû, s'il était de bonne foi, citer de mémoire et se rappeler une lettre de Henri IV commençant par ces mots : « Pendés-vous de n'avoir pas été icy près de « moy, lundi dernier ; » mais elle est datée du camp devant Amiens (1595) et non du champ de bataille d'Arques (1589).»

« La maison de *Bernon de Crillon* est une des plus illustres et plus anciennes de Provence. »

Page 18, *ligne* 12, Louis DE MARIN :

« La famille *Marin*, dont le nom primitif était *Marini*, descend d'Ambroise Marini, noble génois, gouverneur de Corse en 1404. Son petit-fils Jacques, forcé de fuir de Gênes, par suite de la faction des Adorne et des Frégose, s'établit à Toulon, où sa descendance s'est perpétuée jusqu'à nos jours. Une branche réside à Marseille, où elle est connue sous le nom de *de Marin de Carranrais.* »

Page 26 *ligne* 1re, de LANGERON :

« Le lieutenant-général marquis de Goesbriant dont il est question ici, était de la maison *Andrault de Langeron*, originaire du Nivernais, qui a donné, sous les règnes de Louis XIV et de Louis XV, un grand nombre d'officiers généraux illustres, entr'autres un maréchal de France, cinq lieutenants-généraux et quatre maréchaux de camp. »

« Une branche s'était établie en Bretagne, où Charles-Claude Andrault de Langeron, fils du marquis de Moulevrier (Jean-Baptiste-Louis), maréchal de France, fut gouverneur des ville et château de Brest de 1755 à 1790 ; — ARMES : *d'azur, à trois étoiles d'argent*, »

Page 27, *ligne* 15, de GOESBRIANT :

« La maison de *Goesbriant*, dont était le lieutenant-général mentionné ici, ne doit pas être confondue avec celle des *Budes de Guebriant* ou de *Guesbriant*, appartenant comme elle à l'ancienne noblesse de la province de Bretagne. Elle subsiste encore de nos jours et un de ses rejetons actuels, volontaire pontifical, a été blessé à Castelfidardo. — ARMES : *d'azur à la fasce d'or*. — Devise : DIEU Y POURVOIRA. »

Page 71 : de TALARU :

« La maison de *Talaru*, qui a donné 3 archevêques et 21 chanoines, comtes de Lyon, s'est éteinte le 23 mai 1850, par la mort du dernier marquis de ce nom, pair de France, ministre d'Etat et membre du Conseil privé de Charles X, cordon rouge et chevalier de la Toison d'or. »

« Elle a porté, aussi, le surnom de *Chalmazel*, et celui de *Chamarande*, château situé près d'Etampes et où se trouve le mausolée du dernier marquis. »

« La terre de Chamarande, achetée par M. le duc de Persigny, vient d'être revendue. Espérons que l'on respectera dans cette belle résidence les embellissements et les restaurations qu'il y avait fait exécuter avec autant de goût que de magnificence. »

Page 117, *ligne* 1re, Jacques-Léopold MÉDAVY DE GRANCEY :

Au commencement de cette chronique, nous avons écrit *Médavi*, selon nos notes sur ce général prises dans les lettres du roi Louis XIV, du maréchal de Tessé, de M. de Chamillart, etc,, etc.; or, ayant consulté des auteurs héraldiques, nous avons constaté que presque tous écrivaient *Médavy*. Quelle est donc l'orthographe réelle de ce nom ? M. d'Hauterive répond.

« Il n'y a pas d'orthographe proprement dit pour les noms propres. On peut trouver dans Saint-Simon ou dans d'autres auteurs relatifs à la cour de Versailles le nom de *Midavi* ou plutôt *Médavi*, orthographe qu'a adopté la poste d'après son dictionnaire officiel, pour la commune de Médavi, située dans le canton de Mortrée, arrondissement d'Argentan (Orne) ; mais les généalogistes, la chronologie militaire du Père Daniel et les membres de la famille *Roussel* ou *Rouxel de Grancy* ont toujours écrit *Médavy*. »

L. CAFFARENA

C'est l'orthographe de 1707 pour les noms propres de lieux que nous avons adoptée dans cette Chronique sans trop y prendre garde. Bien plus, ayant recueilli bon nombre de renseignements dans des documents écrits en langue provençale et en patois toulonnais, il nous est échappé plusieurs *lapsus plumæ*. Par exemple : page 81, nous avons écrit, *Saint-Sanary* pour *Saint-Nazaire*.

C'est à M. L. Caffarena que nous devons les rectifications de nos *errata* en ce qui concerne l'orthographe des noms propres des environs de Toulon. La moitié des auteurs et des géographes écrit, par exemple, *cap Sepet*, et l'autre moitié *cap Cepet*. M. Caffarena pense, avec raison, « qu'il faut dire *Cepet*, l'étymologie du mot étant certainement *Caput*. »

« En 1707, ajoute-t-il, on écrivait La Goubran, La Malgue, La Vallette, La Seyne, etc. ; on écrit, encore, La Vallette, La Seyne, etc., mais on écrit actuellement Lagoubran, Lamalgue, etc., etc. On dit le bourg du Revest et le nom est Le Revest, et, de même, du Muy pour de Le Muy, du Luc pour de Le Luc. On écrivait jadis, Roque-Brussane, on écrit, actuellement, Roquebrusane. »

A propos du vœu que nous avons émis, page 53, pour que les établissements de pyrotechnie dé Toulon fussent replacés où ils avaient été mis par Colbert en 1707, M. Caffarena nous apprend qu'il est question de les rétablir à peu près au même endroit, au nombre de quatre. Une Commission, nommée par le Ministre de la Marine, a été envoyée sur les lieux pour étudier la question.

Enfin, M. L. Caffarena nous donne les précieux renseignements suivants. « Il existe, encore, à Toulon, des descendants directs de JACQUES FLAMENQ, premier consul ou maire de Toulon en 1707. M. *Flamenq* père, consul de Grèce, et M. *Paul Flamenq* fils, consul de Turquie. Un autre descendant musicien très-distingué, est mort, au commencement de ce siècle, maître de chapelle à Rome. La famille Flamenq est une des plus ancienne de Toulon. »

ERRATA

Pages	Lignes			
5	11	Schowel	*lisez*	sir Cloudesley Schowel.
6	31	Lanidet de la Loude		Laindet de la Londe.
11	23	27 juillet		26 juillet
13	2	La Goubran		Lagoubran.
15	(note)	de Toulon		de Toulon qui date de 1860.
23	34	Suze		Suse
24	5	alarmée		alarmé.
27	3	raviser		raviver.
27		Roquebresse		Roquebrussane
28	9	1797		1793.
36	7	campement aux Frères		campement aux Frères, à St-Elme.
41	21	jusqu'à Le Luc		jusqu'au Luc
41	32	toulonnaises		toulonnaises et les hauteurs de Lamalgue
46	7	La Malgue et		Lamalgue dont ils étaient maîtres
52	11	de Le Revest		du Revest
54	17	La Malgue		Lamalgue
55	15	tranché		tranchée
56	31	achever		achever les 27 et 28 juillet.
57	2, 11, 17	Sepet		Cepet
57	26	Equilette		Eguilette
58	31	la plaine des Gémenos		la vallée de Gémenos
60	10	Le Bausset		Le Beausset
60	19	Tourves		Tourvès

Pabes	Lignes		
75	7	la difficulté	*lisez :* la difficulté et l'incertitude
75	39	de la Grosse-Tour	de la presqu'île de la Grosse-Tour
79	39	des	ses
80	25	Aiguilette	Eguilette
81	28	Saint-Sanary	Saint-Nazaire
84	13	le bombardement	le feu de part et d'autre
90	1	eur	leur
91	24	Estérelle	Estérel
91	34	de Verdon	du Verdon
93	20	Brignoles	Brignoles, le 13 août
94	12	Solliès-Ferlède	Solliès - Farlède
94	31	Médavi	Médavy
95	10	Carce	Carces
96	9	à Le Muy	au Muy
97	16	500	800
99	37	dans	après
102	9	avait	avait conservé
105	18	chez les Camuldules	dans un couvent des Camaldules
106	37	Carrençais	Carranrais
107	6	Flamencq	Flamenq
123	32	événemet	évènement
125	17	unies	réunies
127	(notes)	Than	Thaun
128		nos historiens	nos principaux historiens

SOMMAIRE DES MATIÈRES

CHAPITRE Iᵉʳ (suite)

SUPPLÉMENT

Au moment du tirage de cette Chronique sur l'invasion de la France en 1707 et sur le siége de Toulon, de bienveillants amis nous ont fait l'honneur de la lire *sérieusement*. Nous nous empressons de répondre aux demandes de renseignements complémentaires et techniques qu'ils ont bien voulu nous soumettre.

Une étude aussi longue que celle-ci, portant sur des *détails*, ne pouvait être satisfaisante du premier jet. Nous savons, mieux que personne, que nous avons besoin de la bienveillance que nous avons sollicitée avec instance de la part de nos savants collègues des Sociétés académiques, notamment de ceux du Var : « aussi, leur appar-« tient-il de rectifier ou de confirmer notre travail. »

Nous l'avons, en effet, divisé en chapitres et en paragra-phes titrés, ce qui facilite les observations critiques en vue d'une nouvelle édition.

Préciser davantage la situation de l'armée française au moment de l'invasion ? (page 24.)

Indiquer les positions des 4ᵉ et 5ᵉ corps de l'armée austro-piémontaise ? (page 24.)

Donner des détails plus précis sur les camps français devant Toulon ? (page 30.)

Donner des détails sur la prise des hauteurs de Lamalgue? (page 45.)

Le maréchal de Tessé a-t-il réellement apprécié l'importance de Lamalgue, ainsi que vous l'avez annoncée ? (page 69.)

Donner des détails précis sur les batteries de siége des Alliés ; c'est un point capital ? (page 85.)

Etablir, par des faits, l'activité contestée du maréchal de Tessé, après le passage du Var opéré par l'armée austro-piémontaise? (page 98.)

Quelle est l'opinion des autorités compétentes concernant 'importance de la prise de Suse? (page 102.)

La rapidité des mouvements de l'armée des Alliés étant vantée par les historiens, l'établir par des faits ? (page 102.)

Le maréchal de Tessé étant mort chez les Camaldules, indiquer quel était cet ordre religieux ? (page 105.)

Telles sont les principales questions qu'on nous a fait l'honneur de nous poser, questions auxquelles nous sommes heureux de pouvoir répondre, utilisant, ainsi, le temps inattendu et prolongé que nous demande le lithographe pour achever l'impression du *plan de Toulon et de ses alentours en* 1707.

Des détails et des faits davantage circonstanciés nous ont été demandés, aussi, sur les opérations maritimes accomplies par les Français et par les Alliés. Le temps nous manque pour faire les recherches nécessaires. Si nous avons l'avantage de donner une deuxième édition de cette Chronique, nous y indiquerons, entre autres choses, les noms principaux des capitaines et des navires et les faits intéressants qui les concernent.

PAGE 24. — *Après la 4ᵉ ligne, ajoutez :*

Le 5 février 1707, le maréchal de Tessé avait pris le commandement en chef de l'armée; il établit son quartier général à Grenoble. Le 5 mai, il le transporta à Chaumont, dans la vallée d'Oulx. A cette date, les commandements divisionnaires étaient les suivants : le marquis de Saint-Pater commandait en Savoie, le comte de Dillon dans la vallée de Barcelonnette, le comte de Chamarande à Suse et le marquis de Sailly en Dauphiné et en Provence.

Le 29 avril, le prince de Vaudemont et le comte de Médavy étaient rentrés par Suse avec la dernière division franco-espagnole. Les troupes espagnoles étaient dirigées sur leur pays en passant par le Languedoc et les troupes françaises étaient envoyées en Dauphiné et en Provence.

M. de Saint-Pater ayant tenté une expédition par le val

d'Aoste, fut battu à la Thuile ; il se replia et se retrancha près de Saint-Maurice (24 mai). Le roi, comme disgrâce de cet échec, donna aussitôt son commandement au comte de Médavy et l'envoya commander les troupes de la garnison de Toulon.

La cour supposait, alors, que la Provence ne serait pas envahie.

PAGE 24. — *Après la ligne 22, ajoutez :*

Dès le 1er mai, un quatrième corps campait à Rivoli, sur la Doire, et, enfin, un cinquième avait été formé pour aller, sous les ordres du comte de Thann, l'intrépide défenseur de Turin, concourir à la conquête du royaume de Naples.

PAGE 30. — *Après la 12e ligne, ajoutez :*

Camps français.

Outre le grand camp Sainte-Anne, deux autres grands camps retranchés furent établis, l'un à Missiessy et l'autre à Saint-Antoine, et plus tard, un quatrième à Saint Elme pour deux bataillons seulement (gardes de la Marine) destinés à protéger la presqu'île Cepet contre un débarquement.

Le camp de Missiessy était défendu par le château de Missiessy et par des retranchements élevés sur les hauteurs de Malbousquet et des Arênes.

Le camp de Saint-Antoine était séparé de celui de Missiessy par le Las et protégé par le côté sud des retranchements du camp Sainte-Anne et il était couvert, en avant, par des retranchements élevés sur des contreforts du Faron. C'est sur ces points importants qu'on a construit, depuis 1707, le fort, le château et la redoute appelés Saint-Antoine.

Les positions des camps de Missiessy et de Saint-Antoine étaient indiquées par la nature même des lieux : l'un défendait la route de France et l'autre les gorges Saint-Antoine ; tous les deux couvraient l'arsenal et le camp Sainte-Anne. Le Las et son canal la Rivière-Neuve, loin de nuire à la défense la favorisaient. Mais le choix de l'emplacement du principal camp, celui de Sainte-Anne, était difficile (voir page 55). C'est à Lamalgue et non à Sainte-Anne qu'il eut fallu l'établir. Il eut fallu, tout au moins, *élever à Lamalgue des retranchements sérieux.*

M. de Tessé, tout en ayant laissé aux généraux de Toulon l'initiative et l'exécution des travaux de défense, voulut voir les lieux par lui-même par suite des dissentiments qui s'élevèrent entre les généraux et pour éviter des rapports et des mémoires inutiles. Sa correspondance, à cet égard, relève pour ses voyages à Toulon les dates des 6, 10 et 23 juillet et 6 août 1707.

PAGE 45. — *Après la 8ᶜ ligne, ajoutez :*

Prise des hauteurs de Lamalgue.

En même temps que les Alliés attaquaient Croix-Faron ils dirigeaient deux colonnes par les chemins du Vallat et de Sainte-Marguerite pour s'emparer des hauteurs de Lamalgue. Par suite des dissentiments qui s'étaient élevés entre les généraux français au sujet de l'importance de ce point, la batterie qui s'y trouvait était uniquement dirigée contre la mer et elle n'était pas défendue du côté de la terre. Les artilleurs n'eurent que le temps d'enlever précipitamment leurs pièces et de se réfugier dans le fort Saint-Louis pour de là gagner Toulon sur des chaloupes.

C'est ainsi que, sans combat, dès leur arrivée, les Alliés se trouvèrent *les maîtres des deux extrémités de leur ligne d'attaque*, FARON *et* LAMALGUE, positions formidables qui auraient dû être, de la part des Français, l'objet d'une très-sérieuse défense.

PAGE 69. — *Après la ligne 8 bis, ajoutez :*

Le maréchal de Tessé apprécia exactement l'importance relative stratégique des différents points de l'échiquier de Toulon, la situation étant donnée que le grand camp était placé à Sainte-Anne et non pas à Lamalgue. Dans sa lettre du 16 août 1707, lorsqu'il expose au roi les motifs pour lesquels il ne se maintiendra pas à Croix-Faron et au plateau Sainte-Catherine qu'il a repris et qu'il lui suffit que les Alliés n'occupassent plus ces points, il dit : « *Sainte-Catherine* n'est soutenable qu'en tenant la *Croix-Faron* (où il n'y a pas d'eau du tout), et cette *Croix-Faron* n'est certainement soutenable que quand on est maître de la Valette où sont les ennemis, parce que dudit la Valette on n'y va quasi de plein pied, et que du fort Ste-Catherine, il y a plus d'une heure et demie à marcher par un chemin de chèvres. Les hauteurs de Lamalgue étant supérieures à celles de Sainte-Catherine, il est certain que desdites hauteurs de Lamalgue, le nouveau camp qu'il eût fallu prendre à Sainte-Catherine eût été exposé à tout le canon desdites hauteurs de Lamalgue. »

Page 85. — *Après la 7ᵉ ligne, ajoutez* :

Batterie des Alliés (1).

Les batteries de siége que les Alliés élevèrent successivement pendant le siége de Toulon sont au nombre de *huit*. Il faut y ajouter un certain nombre de gros canons placés isolément sur plusieurs points de leur chemin couvert et parallèle, et un nombre considérable de pièces de campagne de fort calibre, qui tirèrent à toute volée contre la place pendant le bombardement par terre. Enfin, les batteries des huit galiotes à mortiers et celle de la frégate qui bombardèrent par mer la ville et l'arsenal.

Tels furent les formidables moyens d'attaque que les Alliés déployèrent pour réduire Toulon et desquels cette valeureuse cité eut à triompher.

Les huit batteries précitées sont les suivantes : de *Ste-Marguerite,* dirigée contre le château de Sainte-Marguerite: 6 canons et 4 mortiers ; — de *Saint-Louis,* contre le fort Saint-Louis : 6 canons et 1 mortier ; — des bas de *Sainte-Catherine,* contre le bastion St-Laurent (point principal de l'attaque) : 7 canons et 4 mortiers ; — de l'*Egorgerie,* contre les bastions de Saint-Bernard et des Minimes (mais qui n'a pas tiré) : 18 canons et 3 mortiers ; — du pont de l'*Egoutier,* contre le bastion Saint-Bernard (qui, la première,

---

(1) Voir le plan et la légende qui l'accompagne.

commença à tirer le 5 août) : 2 canons et 8 mortiers; — du *Vallat* de Lamalgue, contre les vaisseaux le *Tonnant* et le *St-Philippe* (qui ayant reconnu l'inefficacité de son feu contre ces vaisseaux, le dirigea contre le bastion de Ponche-Rimade): 14 canons et 2 mortiers;—de la *Royale*, contre le bastion des Minimes et contre la redoute placée en avant de ce bastion, (cette batterie était située sur un des contreforts des hauteurs de Lamalgue) : 13 canons et 4 mortiers ; — Enfin, de *Lamalgue*, contre les deux darses et le bastion de Ponche-Rimade : 4 canons et 3 mortiers.

PAGE 98. — *Après la 6e ligne, ajoutez :*

Activité de M. de Tessé. (1)

Notre récit, au point de vue de cette chronique, se terminant à la rentrée des Alliés en Italie, nous ne suivrons pas le maréchal de Tessé dans ses mouvements ultérieurs. Cependant, l'activité qu'il continua de déployer jusqu'à la fin de la campagne mérite, au moins, d'être mentionnée, puisque la cour de Versailles accusa précisément « *son peu de diligence.* » Nous relevons donc les dates suivantes. dans la correspondance du maréchal :

Le 3 septembre, il était à Antibes; le 5 à Nice (qu'il trouvait abandonné par les Alliés) ; le 6, il était à Antibes; le 7 à Chaumont ; le 17 à Briançon ; le 19 à Fénestrelle; le 20 à Pérosa ; le 21 à Fénestrelle ; le 22 à Exilles ; le 24 à Balbotet où il établit son quartier général. La citadelle de Suse ayant capitulé. Le 30 octobre, le maréchal de Tessé répartit ses troupes entre la Savoie et le Dauphiné, sous le commandement de M. de Médavy, et la Provence sous le commandement de M. d'Artaignan, quitta l'armée le 26 octobre pour se rendre à Briançon et, ensuite, à Grenoble. C'est de cette dernière ville qu'il partit, enfin, le 15 novembre, pour rentrer à la Cour.

PAGE 102. — *Après la 29e ligne, lisez :*

Henri Martin apprécie, comme nous l'avons fait, la prise

—————————————————

(1) Grimoald a publié les *mémoires et lettres* du maréchal de Tessé. Paris, 1806. 1 vol. in-8°.

de Suse, entreprise où les princes de Savoie « cherchè-
rent quelque dédommagement. » La place « défendue par
des forces insuffisantes ne put être secourue à temps »
par M. de Tessé. Théophile Lavallée oublie de parler de
Suse. témoignage certain du peu d'importance qu'il atta-
che à ce dédommagement pour l'échec subi par les Alliés
devant Toulon. Les généraux de Vault et Pelet se con-
tentent, comme appréciation, de relater l'avis que le
maréchal de Catinat émit à Louis XIV que « la perte de
Suse ne lui laissait envisager aucune possibilité d'opérations ultérieures de la part des princes » et « que M. de
Tessé ne devait s'occuper que des dispositions pour faire
entrer ses troupes dans des quartiers d'hiver. »

On sait que le grand tunnel des Alpes va de Modane
(France), à Suse (Italie).

PAGE 102. — *Après la 29ᵉ ligne, ajoutez :*

Rapidité des mouvements des Alliés.

La rapidité des mouvements de l'armée austro-piémontaise, après sa retraite au-delà du Var, étant contre nous
un fait militaire des plus remarquables, il est juste d'en
indiquer dans cette chronique, les étapes principales.

Le 1ᵉʳ septembre, l'armée campait en front de bandière
sur la rive gauche du Var. Le 2, elle s'éloignait pour
rentrer en Piémont par le col de Tende. Le 8, le duc
Victor-Amédée était à Saluces, avec son avant-garde, où,
le 16, il était rejoint par le prince Eugène, avec l'arrière-
garde. Le 21, le prince Eugène marchait sur Suse et le
duc Victor-Amédée sur Perosa. Le 22, le duc campait
au Vilar, et le 26, il se mettait en marche pour Suse. Le
27, l'investissement de la citadelle avait lieu par la droite
et à la gauche de la Doire. Le 28, la redoute de Catinat
était prise. Le 29, la tranchée était ouverte et les derniers
corps de l'armée avaient rejoint, moins la division du
général Kirchbaum restée au camp du Vilar. Le 3 octobre
la capitulation de la citadelle de Suse avait lieu. Le 8, le
duc retournait à Turin et le prince Eugène l'y rejoignit le
22. Le prince avant de partir avait fait remettre la place

en état de défense et fait construire de nouvelles redoute
et, laissant une très-forte garnison à Suse (plus de 20,000
hommes); il avait dirigé le reste des troupes sur leurs
quartiers d'hiver.

PAGE 105. — *A la note ajoutez* :

Les CAMALDULES sont des religieux réformés, établis par
saint Romuald selon la règle de saint Benoît. Le but
principal de leur ordre est de mettre sévèrement en pra-
tique la retraite et le silence, et de prier Dieu. Ils tirent
leur nom d'une solitude de la Romagne appelée *Campo
Maldoli* ou *Camaldoli*, où était leur principal couvent.

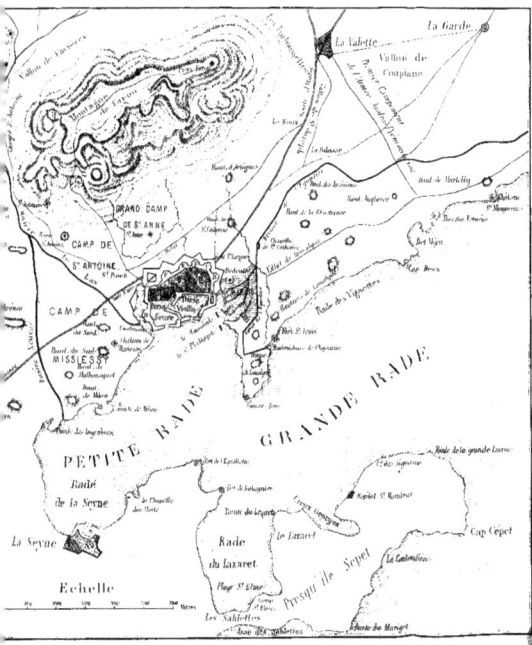

PLAN FIGURATIF
DE
TOULON
ET DE
SES ALENTOURS
À L'ÉPOQUE DU SIÈGE DE 1707

BIBLIOTHEQUE NATIONALE DE FRANCE

3 7531 02397477 8

www.ingramcontent.com/pod-product-compliance
Lightning Source LLC
Chambersburg PA
CBHW050003100426
42739CB00011B/2491